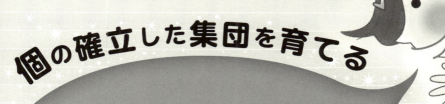

個の確立した集団を育てる

ほめ言葉のシャワー 決定版

菊池省三
本間正人
菊池道場

中村堂

はじめに

　私が、「ほめ言葉のシャワー」を始めて、そろそろ20年が経とうとしています。私が、最初に「ほめ言葉のシャワー」を広く紹介したのは、「小学校　楽しみながらコミュニケーション能力を育てるミニネタ＆コツ101」（学事出版／2010年）という本です。101個のネタの一つとして1ページにまとめたのが最初だったのです。

　その後、「小学校発！一人ひとりが輝く　ほめ言葉のシャワー」（日本標準／2012年7月）として、1冊の本としてまとめました。その中で、私は「ほめ言葉のシャワー」を始めたきっかけを6項目で紹介しました。
①「群れ化」する子どもたち　　　②粗暴な言動を繰り返す子どもたち
③精神的に不安定な子どもたち　　④いじめ合う子どもたち
⑤共同思考ができない子どもたち　⑥壊れていく教室の現状

「ほめ言葉のシャワー」刊行の直後、「プロフェッショナル　仕事の流儀」（NHK全国放送／2012年7月16日）に出演させていただき、番組の中で「ほめ言葉のシャワー」も大きく取り上げていただきました。
　本の出版とテレビ出演の相乗効果もあって、全国から講演の依頼を多くいただくようになりました。講演先で、「教室で『ほめ言葉のシャワー』を実践しています」というお声掛けをいただくことが少しずつ増え、とても嬉しい気持ちになりました。
　その後、「小学校発！一人ひとりが輝く　ほめ言葉のシャワー②」（日本標準／2013年9月）、「小学校発！一人ひとりが輝く　ほめ言葉のシャワー③」（日本標準／2015年2月）と実践の広がりと深まりを目指して、出版活動も積極的に行いました。
　さらに、2015年12月5日には、日本テレビ系列の「世界一受けたい授業」に出演させていただき、「ほめ言葉のシャワー」を紹介する機会をいただきました。つい先日の2016年7月7日には、フジテレビ系列

はじめに

の「バイキング」にも出演させていただき、菊池学級の「ほめ言葉のシャワー」を見ていただくこともできました。

　書籍のタイトルに「小学校発！」とつけましたが、「ほめ言葉のシャワー」が、学校だけではなく、社会全体に大きな広がりを見せている現実に、私自身驚きつつ、とても感動しています。

　一方で、出版やテレビ出演から4年が経ちましたが、6点にわたって指摘した状況は、ますますその混迷の度合いを深めていると言ってよいのではないでしょうか。全国でお会いする先生方から、学校現場の様々な問題をお聞きします。また、私自身、全国の学校にお伺いするようになって、現在の日本の教育の現状も目の当たりにするようになりました。その意味で「ほめ言葉のシャワー」の果たすべき役割はますます大きくなっていると思っています。

「ほめ言葉のシャワー」は、「一人ひとりのよいところをクラスみんなで見つけ合い伝え合う活動」です。シンプルですから、誰でもすぐに始めることができます。一方で、「ほめ言葉のシャワー」はとても奥の深い活動でもあります。子どもたち一人ひとりの状況、子どもたち同士の関係、学級の状況、教師と子どもの関係、それらが総合的に絡み合って、「ほめ言葉のシャワー」は成立し、意味のあるものとして機能するのです。

　私は、全国的に広がっている今だからこそ、再び原点に戻って、その意味と意義を整理する必要があると思いました。

　この本は、「ほめ言葉のシャワー　決定版」として、「個の確立した集団を育てる」という大きな観点から、その進め方、導入の授業の例、意義、子どもの変容の具体例、菊池学級の実際をまとめたものです。「ほめ言葉のシャワー」をさらによいものにして、全国の学校や教室だけでなく、家庭や会社にも温かいほめ言葉が満ちることを願っています。

菊池道場　道場長　菊池省三

個の確立した集団を育てる　ほめ言葉のシャワー　決定版

はじめに ……………………………………………………………………… *02*

第1章　「ほめ言葉のシャワー」を始めよう　　　　　菊池省三 …… *07*

◎ DVD連動
第2章　「ほめ言葉のシャワー」を成功させる導入の4つのステップ
　　　　　　　　　　　　　　　　　　　　　　　　　　菊池省三

❶各ステップのめあてと用意するもの ………………………………… *16*
❷各ステップの授業のポイント ………………………………………… *17*
　　ステップ1　ほめること、ほめられることのよさを体験する
　　ステップ2　ほめ言葉をたくさん出し合う
　　ステップ3　「ほめ言葉＝自分らしさ」であることを知る
　　ステップ4　自由起立発表のやり方を知る
❸初めての「ほめ言葉のシャワー」 …………………………………… *26*

第3章　個の確立した集団を育てる「ほめ言葉のシャワー」
　　　　　　　　　　　　　　　　　　　　　　　　　　本間正人

　「学習学」の立場から考える、「個の確立」とは ……………………… *30*
　「個の確立した状態」とは、どんな状態か …………………………… *30*
　「ほめ言葉のシャワー」に取り組む教師の覚悟 ……………………… *38*

第4章　教室の数だけ「ほめ言葉のシャワー」はある

　頑張りたい子が頑張ることができる学級の土台をつくる　萩原舞 ……… *50*
　自分もみんなも大好きに～言葉でつながる1年4組～　酒井萩乃 …… *58*
　「ほめ言葉のシャワー」で低学年の心を耕そう！　川尻年輝 …… *66*

言葉の力で個が輝く！集団が動き出す!!	堀井悠平	76
「ほめ言葉のシャワー」をクラスの軸に	赤木真美	89
価値語を軸とした「ほめ言葉のシャワー」の取り組み	重谷由美	96
子どもたちがつながり、笑顔輝く学級づくり 〜「ほめ言葉のシャワー」を土台として〜	南山拓也	105
全部ひっくるめて、あなたが好き 〜プラスもマイナスも理解し合った子ども〜	大西一豊	115
「らしさ」を育む『瑞々しい教室』	大橋俊太	130
学校全体で取り組む「ほめ言葉のシャワー」	中島宏和	143

📀 DVD連動
第5章 菊池学級の「ほめ言葉のシャワー」の実際　　菊池省三

- ◆はじめに …………………………………………………………… 154
- 1　坂口さんへの「ほめ言葉のシャワー」………………………… 155
- 2　下堂薗君への「ほめ言葉のシャワー」………………………… 156
- 3　元山さんへの「ほめ言葉のシャワー」………………………… 157
- 4　常君への「ほめ言葉のシャワー」……………………………… 158
- 5　秋山君への「ほめ言葉のシャワー」…………………………… 159
- 6　秋葉君への「ほめ言葉のシャワー」…………………………… 160
- 7　ALTへの「ほめ言葉のシャワー」……………………………… 161
- 8　漢字テストを返したときの「ほめ言葉のシャワー」………… 162
- 9　お別れ集会でがんばった自分へのほめ言葉ペアトーク ……… 162
- 10　自分へのほめ言葉 ……………………………………………… 163
- 11　四字熟語甲子園 ………………………………………………… 164
- 12　ほめほめ選手権 ………………………………………………… 165

おわりに ……………………………………………………………… 166

第1章

「ほめ言葉のシャワー」を始めよう

菊池省三

第1章 「ほめ言葉のシャワー」を始めよう

菊池道場　道場長　菊池省三

1.「ほめ言葉のシャワー」の具体的な手順

「ほめ言葉のシャワー」は、一人ひとりのよいところを見つけ合い伝え合う活動です。一人1枚日めくりカレンダーを描き、その日の日めくりカレンダーを描いた子が帰りの会で教壇に上がり、残りのクラスの友達全員から、ほめ言葉を「シャワー」のように浴びるという活動です。

この活動を通して、つぎのような子どもを育て、学級をつくることができます。

①友達のよさを見つける観察力や、それを温かい言葉で伝えることのできる表現力を身につけることができます。
②お互いをほめ合うことで、友達の同士の関係が強くなり、教室が自信と安心の場所になります。
③お互いに小さな丸を付けあうことを毎日続けていくことによって、自分たちの「望ましい在り方」をクラス全体でつくっていくことになり、絶えず「成長」を意識した、豊かな学級文化を育てることができます。

●「ほめ言葉のシャワー」の具体的な手順
『一人ひとりのよいところを見つけ合い伝え合う活動』
　○年間4回（4巡）程度行う
　○毎日の帰りの会で行う
　①毎回日めくりカレンダーを各自1枚ずつ描く
　②その日のカレンダーを描いた子どもが教室前の教壇に出る
　③残りの子どもと教師がその子のよいところを発表する
　④発表は自由起立発表でシャワーのように行う
　⑤全員の発表が終わったら前に出ていた子どもがお礼のスピーチ
　　を行う
　⑥最後に教師がコメントを述べる

　年間で一人に4回順番が回ってくる（4巡）程度行います。
　30人学級であれば、1回で30個のほめ言葉が生まれます。1巡すると30回ですから、30×30で900個のほめ言葉が生まれることになります。
　それを1年間で4回行えば、900×4で3,600個となります。
　40人学級であれば、1年間で6,400個の「ほめ言葉」が教室にあふれることになります。
　2年間持ち上がりで担任すると、30人学級で7,200個、40人学級では12,800個ものほめ言葉が飛び交うことになります。

　クラスみんなの目が、その日の主人公の友達に注がれます。
「世界の中でぼく、私だけが見つけた○○さんの今日のよいところ」
　を合言葉に、子どもたちは友達のよさを見つけようとします。そして、温かい言葉をプレゼントします。
　「ほめ言葉のシャワー」が終わると、主人公の友達への拍手が自然と起

こります。教室の雰囲気がやわらかくなり、自然と笑顔がこぼれてきます。

2.「ほめ言葉のシャワー」を成功させる導入の4つのステップ

「ほめ言葉のシャワー」を成功させる導入の4つのステップについて、実際の私の授業の様子を動画で見ていただけるように用意しました。

次の第2章の「授業のポイント」とともに、DVDの第1部をご覧ください。

第1章 「ほめ言葉のシャワー」を始めよう

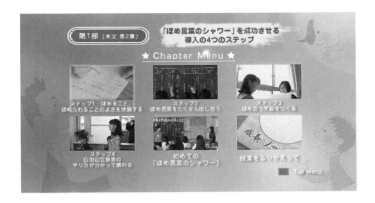

○日めくりカレンダーづくりと実際

一人1枚の日めくりカレンダーを描きます。

明るい色の八つ切りの色画用紙がよいでしょう。好きな色を選ばせます。

主な内容は、以下のとおりです。

・日にちと曜日

・自分の名前

・みんなへのメッセージ

・その日の主な行事

・イラスト

・好きな言葉

（その日が誕生日の友達がいたらその友達の名前）

慣れてくると自分らしい工夫をし始めます。

実際に菊池学級で描かれた日めくりカレンダーを何点か紹介します。

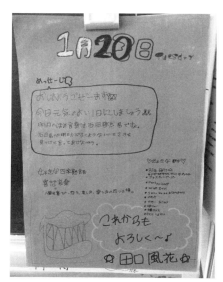
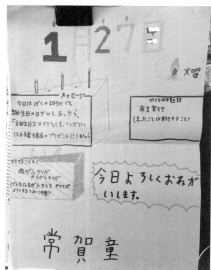

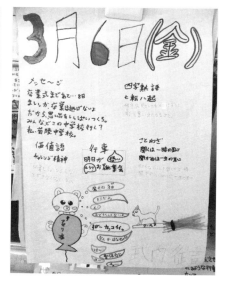

3.「ほめ言葉のシャワー」を成功させる年間計画

　大まかな年間の見通しを立てます。思いつきの指導では、効果は期待できません。特に、1回目を成功させることが重要です。子どもたちの以降の動機づけになるからです。

◆年間の指導の流れ

	「ほめ言葉のシャワー」の実施とその活動を支える日常の主な指導内容　〇・・・「ほめ言葉のシャワー」に関する活動　●・・・「ほめ言葉のシャワー」を支える日常の関連した指導内容
一学期前半	〇　意義・価値の説明 〇　基本的な活動のやり方の説明 ●書く指導・・・箇条書き→質よりも量をめざす 　　　　　　　事実と意見の区別の指導→「見ること」を鍛える ●話す指導・・・自由起立発表の指導 　　　　　　　「3つあります」スピーチ→毎日多くの場面で行う ●聞く指導・・・見える聞き方の定着の指導
一学期後半	〇　1回目の「ほめ言葉のシャワー」の実施 〇　日めくりカレンダー作り ●書く指導・・・具体的な描写の指導→数字、会話文、固有名詞 ●語彙指導・・・価値語を集める活動の指導 　　　　　　　NGワード（すごい、一生懸命、など）を決める ●話す・聞く指導・・・姿勢、目線、「出す声」などの指導 〇　1学期の「成長を認め合う会」を行う
二学期の指導	〇　2回目、3回目の「ほめ言葉のシャワー」の実施 〇　Eめくりカレンダー作り ●書く指導・・・整った文の指導→「事実＋意見＋α（お礼、励まし、 　　　　　　　　お願い、ねぎらい）」の組み立ての指導 ●語彙指導・・・ことわざ、慣用句、四字熟語、比喩表現などの指導 ●話す・聞く指導・・・声の調子、表情、身振り手振りなどの指導 〇　2学期の「成長を認め合う会」を行う
三学期の指導	〇　4回目の「ほめ言葉のシャワー」の実施 〇　Eめくりカレンダー作り ●書く指導・・・個性的な表現に向かわせる指導 ●語彙指導・・・価値語を積極的に使わせる指導 ●話す・聞く指導・・・語りかけ、笑顔、応答関係などの指導 〇　1年間の「成長を認め合う会」を行う

4. 菊池学級の「ほめ言葉のシャワー」の実際

　菊池学級で行われた「ほめ言葉のシャワー」の実際を見ていただけるようにしました。
　第5章の「菊池学級の『ほめ言葉のシャワー』の実際」の解説とともに、DVDの第2部をご覧ください。

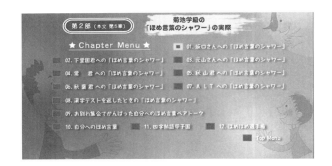

第2章

「ほめ言葉のシャワー」を成功させる導入の4つのステップ

菊池省三

第2章 「ほめ言葉のシャワー」を成功させる導入の4つのステップ

菊池道場　道場長　菊池省三

■1 各ステップのめあてと用意するもの

ステップ1

【めあて】
　○ほめること、ほめられることのよさを体験する

【用意するもの】
　①成長ノート
　②Ａ４判の白い紙

ステップ2

【めあて】
　○ほめ言葉をたくさん出し合う

【用意するもの】
　○なし

ステップ3

【めあて】
　○「ほめ言葉＝自分らしさ」であることを知る

【用意するもの】
　○プリント「ほめ言葉」の例を印刷したもの

ステップ4

【めあて】
　○自由起立発表のやり方を知る

【用意するもの】
　○なし

❷各ステップの授業内容のポイント
ステップ１
【めあて】
　○ほめること、ほめられることのよさを体験する
【用意するもの】
　①成長ノート
　②Ａ４判の白い紙

時間		内　　容
00：00	教師	【発問】「Ａ　叱られる」と「Ｂ　ほめられる」、どっちが好きか？成長ノートに書きましょう。 〔例〕　Ａ　叱られる　…　２人 　　　　Ｂ　ほめられる　…　28人
	児童	「Ａ　叱られる」方が好きな人の理由 ・叱られることで、自分のいけないところがよくなって、いいことをしたときにほめられるから。 ・自分のだめなところが分かって成長するから。
10：00	教師	【ワークシート】 「ほめること」「ほめられること」を体験する。 【発問】　実際にやってみましょう。 Ａ４判の紙を四つに折って、いちばん上に自分の名前を書きましょう。 （一度集めて、ランダムに再配布） 【発問】　書かれている名前の人のよいところを書きましょう。（無記名で書く） 書く時間は、２分30秒です。 （回収して、ランダムに再配布。これを４回続ける。１人のことを４人がほめることになる）

時間	内　容	
	教師	**教師の途中のつぶやき** 「伸びる人はていねいで根気強い。チャーミングなところ、真似したいところ、かっこいいところなどをほめましょう。正解はありません。詳しく書きましょう。優しい学級だから一人になっても、最後まで書きましょう」
20:00		全員が書けたところで回収、再配布。（2度目）
25:00		全員が書けたところで回収、再配布。（3度目）
30:00		全員が書けたところで回収、再配布。（4度目）
	教師 児童	書いているとどんな気持ち？ 自分のことを誰かが書いてくれていると思うとうれしい。（書いていくと）紙が重くなった気がする。
35:00	教師	書かれている名前の人のところに、「あなたの笑顔可愛いよ」って届けてあげましょう。 笑顔で読みましょう。
40:00		裏返して、読んだ感想を4分30秒で書きましょう。 書けたら先生のところに出してください。 これで「ほめ言葉のシャワー」のステップ1の授業を終わります。
45:00		

※表の中の「時間」は、実際の授業の時間を表しています。DVDの映像は編集していますので、実際よりも短くなっています。

第2章「ほめ言葉のシャワー」を成功させる

○ワークシートの例

菊池省三

19

ステップ2

【めあて】
　○ほめ言葉をたくさん出し合う
【用意するもの】
　○なし

時間		内　容
00：00	教師	【発問】言われてうれしい言葉を出し合いましょう。 ・5人組になりましょう。 ・机を動かすのは10秒以内にすると法律で決まっています。 ・グループで5分間で100個出すという決まりは 　…ありませんが、勝手につくろう！ ・身を乗り出して白熱しよう。
10：00	教師	何個出し合えましたか？ 例　1G－84個／2G－75個／3G－103個／ 　　4G－115個／5G－83個／6G－110個 各グループで、その中のいちばんよいものを30秒で決めて黒板に書きましょう。 例　1G－さすが 　　2G－ブレークスルーができているね！ 　　3G－いつもスマイリーだね。 　　4G－あこがれる 　　5G－成長曲線が加速している 　　6G－さすが
15：00	教師	【発問】ほめ言葉が教室にあふれると明るい色になりますか？暗い色になりますか？成長ノートに書きましょう。
15：00	児童	・笑顔になるから明るいクラスになる。 ・ほめ言葉は、明るい色であふれている。 ・ほめられることでもっとよくしようとお互い笑顔になる。 ・心にお花が咲いたように明るくなる。 ・うれしいし、明るい気分になって、教室も明るくなる。 ・「言ってよかった」という気持ちになって、笑顔になる。

時間		内　容
25：00	教師	【発問】自分の考えを、今出された意見を参考に成長ノートに書きましょう。 これで「ほめ言葉のシャワー」のステップ２の授業を終わります。

ステップ3

【めあて】
○「ほめ言葉＝自分らしさ」であることを知る

【用意するもの】
○プリント「ほめ言葉」の例を印刷したもの

時間		内　容
00：00	教師	（プリントを配布する）※本書24ページ参照 プリントを、立って2回読みましょう。 いちばん好きなほめ言葉を選んで、番号を書きましょう。 自分の選んだ黒板の番号の下に、自画像画を貼りましょう。
05：00	教師	（最初、③を選んだ児童は、いなかった） 「③に変えてもいいぞ」という人？ （教師の呼びかけに、6人が③に移動）
	教師	次に先生は何を訊くでしょうか？ それを選んだ「理由」です。 では、理由を下に書きましょう。 理由は一人ひとり違います。それでいいのです。 【選んだ理由】 ・自分から行動できる力をもっている。 ・どんな人とも平等にあいさつができる。 ・みんなが真剣。注意していて、度胸がある。 ・さぼりたくなるのに、正々堂々としている。
15：00		ノートを自由に友達と見せ合って、トークをしましょう。 対話をしましょう。おしゃべりをしましょう。「はい、よろしくお願いします」と言って始めましょう。
	教師	「ありがとうございます」で終わりましょう。
	教師	みんな、一人ひとり違います。美意識が違います。自分らしさをお互いが発揮し合うと、もっともっと素敵な学級になっていくんでしょうね。自分らしさを出しましょう。 明日、「ほめ言葉のシャワー」をします。 主人公は、出席番号1番の石橋君です。

時間	内　容
20：00	これで「ほめ言葉のシャワー」のステップ3の授業を終わります。

○配布したプリント

「ほめ合う学級をつくろう」

名前（　　　　　　　　　　　　　　）

1　木村さんは、１年生が保健室の場所が分からないで困っていたら、
「こっちだよ」
と、やさしく教えていました。
　六年生らしい自覚があると思いました。

2　花村君は、バスケットボールがころがっていって、だれも拾いに行かなかったら、
「ぼくが行くよ」
と、一人で取りに行っていました。
　自分から行動できる力がすばらしいです。

3　吉田さんは、掃除時間にさぼっていた黒田君に、
「やめよう」
と注意していました。
　正しいことをきちんとできる姿にあこがれます。

4　田島君は、社会科の時間に、
「分かる人？」
の先生の問いに、何回もパッと手を挙げていました。
　集中していた学習態度は、一心不乱でとても美しいと思いました。

5　水田君は、朝、私と目があったら、
「おはよう」
と、笑顔であいさつをしてくれました。
　朝から気持ちもよくなりました。ありがとうございました。

第2章 「ほめ言葉のシャワー」を成功させる

□ステップ４

【めあて】
　○自由起立発表のやり方を知る。
【用意するもの】
　○なし

時間		内　容
00：00	教師	【発問】窓から見た景色やことを、一文で書きます。
		【発問】窓から見えるものを自由起立で発表しましょう。自由起立では、クラスの友達への思いやりが大切です。「間」を考えながら、自ら積極的に立って発表します。
	児童	**自由起立発表スタート** ・水たまりがある。 ・雨の中で緑がたっている。 ・黒い屋根の家が見える。　　　　　など （発表が途絶えたところで終わる）
10：00	教師	次はもっと増えるでしょうね。 【発問】雨と聞いてイメージすることを自由起立で発表しましょう。
	教師	（発表が途絶えたところで） ５秒間、隣の人に「頑張るぞ」と言い合いましょう。
20：00		（再開し、再び途絶えたところで終了）

←左ページのプリントは、中村堂のホームページからダウンロードできます。
【ダウンロードの方法】
①中村堂のホームページにアクセスします。　http://www.nakadoh.com/
②画面上部のメニューから［ダウンロード］を選びます。
③［ほめ言葉のシャワー　決定版］の書名をクリックします。
④「認証が必要」という画面が現れますので、以下のユーザー名とパスワードを入力します。
　　ユーザー名：homekotoba　　　パスワード：shower
⑤ワークシート名をクリックして、印刷あるいはダウンロードします。

❸初めての「ほめ言葉のシャワー」

【めあて】
① 「ほめ言葉のシャワー」を体験する
② 「ほめ言葉のシャワー」で話す内容のポイントを知る

【用意するもの】
○なし

時間		内　容
00：00	教師	では、初めての「ほめ言葉のシャワー」を始めます。今日の主人公は、昨日決めておいた石橋君です。 ほめることを紙に書いてから発表します。 石橋君へのほめ言葉を紙に書きましょう。
05：00	教師	書けた人は、発表の練習をします。 紙を見なくても言えるようになるまで、声に出して何度も何度も読みましょう。 先生に向かって１回。ろうかに向かって１回。後ろを向いて１回。窓に向かって１回。先生に向かってもう１回、読みます。
10：00	教師	では、自由起立で「ほめ言葉のシャワー」を始めます。誰が口火を切りますか？ （自由起立で「ほめ言葉のシャワー」スタート） （18人発表して途絶えたところで）
15：00	教師	さあ、頑張るぞう。 （発表のよかった点を板書しながらほめていく） ・紙を見ないで目線を上げていた。 ・会話文が入っていた。 ・独自の表現を使った。例：「カチコチ」 ・「うれしいです」と自分の気持ちを入れた。 ・「例えば」と先生が聞いたら、即答した。 ・価値語を使った。「気遣い力」 ・話している友達の方を向こうとしている。
20：00	教師	（自由起立で発表できない子が残ったところで） まだ言っていない人は立ちましょう。

時間		内　容
23：00	教師	（立たせて、全員に発表させる） （最後に人前で話すのがまだ苦手な男の子が、友達とのコミュニケーションをとろうと頑張っている。教師は、その男の子を優しく励ました） （隣の席の長谷川さんに）「彼のドキドキが分かる私が読みます」って、立ち上がるんですよ。
	長谷川さん A君 長谷川	「言っていい？」（と、その子に尋ねる） （「うん」とうなずく） （代読する）
	石橋君	主人公の石橋くんのお礼の言葉 「無邪気に遊ぶ」「優しい」「教室を笑顔でいっぱいにする」ということがうれしかったです。みなさん、ありがとうございました。
25：00	教師	ほめ言葉を話す時のポイントは、 　①「〜の時」と具体的なことを話す。 　②「40分」など数字を入れる。 　③会話文を入れる。 　④自分の言葉で話す。 　⑤「うれしいです」など自分の気持ちを入れる。 です。 これで「ほめ言葉のシャワー」の最初の授業のすべてを終わります。 これからも頑張ってください。

第3章 個の確立した集団を育てる「ほめ言葉のシャワー」

本間正人

個の確立した集団を育てる「ほめ言葉のシャワー」

第3章

京都造形芸術大学副学長　本間正人

■「学習学」の立場から考える、「個の確立」とは

　菊池省三先生との共著である「コミュニケーション力で未来を拓くこれからの教育観を語る」(中村堂／2015年)の中で、「ほめ言葉のシャワー」の特徴と効果について、現在の日本の子どもたちに必要とされている力である「観察力、表現力、思考力」という三つの能力を育んでいくことができるということを整理しました。

　今回は、本書のテーマである「個の確立」とはどういうことなのかということを考えながら、私の提唱する「学習学」の立場からみた「ほめ言葉のシャワー」について考察してみたいと考えています。

　「個の確立」ということは、様々な学習の大きな目標の一つです。そのことは、やや逆説的になりますが、「個の確立していない状態というのはどんな状態なのか」ということを考え、対比させることによってはっきりしてきます。

■「個の確立した状態」とは、どんな状態か

○社会的規範の存在が外から内に変わっていく

　「個の確立した状態」の一つ目は、「社会的規範の存在が外から内に変

わっていく」ということです。

　人は、この世に生を受けてから、家族の中でしつけられて育っていきます。親から怒られるようなことや叱られるようなことはしないように心掛けて毎日を過ごしていきます。ものを大切に扱い、大声で怒鳴らないようにして、友達とは仲良くして、後片付けをきちんとします。怒られないように、叱られないようにと、罰を避けるというかたちでいろいろな行動のパターンをとっていきます。ただ、この状況は外側にある規範に自分を合わせている状況です。小学校の低学年くらいでも、このような子は結構多いのではないかと思います。「先生に怒られないように、よい子にしている」という子です。つまり、よい子というのは自分で決めるものではなくて、親の評価や先生の評価が規範の拠り所であり、親や先生の評価によって自分が決まるという状況です。

　大人になっていきますと、「法律に違反するから○○はしない」ということではなく、規範がその人の中に内面化された状態になっていきます。このことは、とても重要です。つまり、個の確立ということを考えたとき最も大切なことは、「行動規範が内面化されている。行動規範が内側にある」ということです。

　では、どのようにして内側にその規範が確立されていくのでしょうか。いちばん初めの頃の例を考えてみます。

　遊んでいて、けんかになって友達を叩いてしまった。

　それを見た親から「そんなことしたらだめでしょ」と怒られる。

　そして、「あ、ごめんなさい」と言う。

　このような経験の中にフィードバックがあり、それによって望ましい行動のパターンがだんだんとしつけられていくわけです。これは、言ってしまえば、動物に対する調教と本質的には変わりません。

　行動を望ましい方向にもっていくためには、望ましい行動に対して、それを強化するようなごほうびを与え、悪いこと、規範に反する行動に対しては、怒ったり、罰を与えたりします。アメとムチによって、だん

だん望ましい行動になっていきます。

「ほめ言葉のシャワー」という取り組みについて考えてみると、ちょっと難しい言い方になりますが、「言葉や概念というものがワンクッションあって、実際の一つひとつの行動が、もう一段抽象的なレベルで内面化される」ということだと思います。

人を叩いてしまうとか、傷つけてしまうという、個別の望ましくない行動が、「ほめ言葉のシャワー」によって、人に迷惑をかけないというような一段階抽象化された概念になっていくということです。

「ほめ言葉のシャワー」の中で語られる「価値語」は、抽象化された徳目の宝庫です。

「価値語」に接したとき、子どもたちはどう思うか。価値語そのものは行動自体ではありませんから、この価値語に当てはまる行動のパターンはどういうものかということを、自分で考えていきます。そうすると、これまでは個々の行動に対するフィードバックだったものが、しかも価値規範が外にあったものが、内側にだんだんと内面化されていくことになります。

この「価値語」に込められた徳目は、給食の場面ではどういうことだろう、校庭で遊んでいるときには何が当てはまるだろう、教室の中では、休み時間ではと、具体的なシチュエーションごとに映像化されていくのです。

必ずしも、親や先生からほめられたり、叱られたりしなかったとしても、「あ、そういう行動が望ましいんだな」ということが、頭の中で整理され、理解されていくのです。

もちろん、時々は逸脱行動もあるはずです。「あ、しまった」とか、「約束破っちゃったな」とか、よくないことをしてしまったと自分で反省します。でもそのときに、先生に怒られるか怒られないかとか、親からほめられるか叱られるか、というようなことがなかったとしても、自分でまずかったなと反省し、反省した自分のことを自分でほめてあげたいと

思うように少しずつなっていくのです。

　学習の初歩のプロセスでは、一つひとつの行動に対するフィードバックによって、規範が徐々に内面化されていきますが、「価値語」があることによって、より普遍的な、より抽象的な、よりいろいろな状況に広く当てはまるような徳目として吸収されていくというのが「個の確立」ということの一つの要素だと思います。

○自分の中の多様性を受け容れる

「個の確立した状態」の二つ目は、「自分の中の多様性を受け容れる」ということです。

　人間の中には、ほかの子と一緒でありたいという等質化願望と、ほかの子と一緒じゃいやだという差別化願望、あるいは、異質化願望という、裏腹な二つの気持ちがあります。

　同じアクセサリーを持っていたとしたら、「一緒だね」「仲良しでうれしい」と思う場合もあれば、「あ、あの子とかぶっちゃった」とがっかりする場合もあります。

「ほめ言葉のシャワー」は、一人ひとりの行動を見ながら、毎日、ほめ言葉を伝えていきます。その中で、例えば同じ「一人が美しい」という価値語があったとしても、A子ちゃんの「一人が美しい」と、B君の「一人が美しい」とでは、その具体的に思い描く内容は全然違います。A子ちゃんは、黙々と給食の後片付けをする人をイメージしていたとしても、B君は、勇気をもって「はい」と発言するような人のことを考えているというようなことは、いくらでもあるでしょう。

「一人が美しい」という言葉も、表現方法、あるいは行動レベルで見ると、いろいろな類型があります。自分にとって「一人が美しい」というのはどういうことなのかということを、ほかの人を参考にしながら、一生懸命考えるのです。ほかの人はどんなことを考えているのかなと気にしながらも、自分らしさのある「一人が美しい」を見つけていこうと思

い、「ほめ言葉のシャワー」をとおして、そのことを考え続けていくのです。

こうした営みはとても大切なことで、他者を否定するのではなく、他者を尊重しながら他者との違いを受容しながら、自分らしさを発揮していくのです。

「私は正しいが、あなたは間違っている」

「おれが一番だ、ほかのやつはだめだ」

ではなく、○×の二極分化でもなく、

「みんな○○だけれども、自分の○○はこれだ」

というように考えることができるのが、「個の確立した状態」です。「ほめ言葉のシャワー」は、こうした成長に大きく寄与すると私は考えています。

○「過去→現在→未来」の時間軸

三つ目は、「個の確立」という観点から、「過去→現在→未来」という時間軸についてです。

菊池先生の学級には、それまでやんちゃだった子も少なからずいました。かつては、友達との関係を上手くつくれなくて、すぐに友達に手を出してしまうような子もいました。

そんな子も、菊池学級の皆に受け容れられて楽しい時間を過ごせるように成長していきました。ただ、人間的に成長すればするほど、過去を思い出し、「俺ってなんてやつなんだろう」と恥ずかしく思ったり、後悔の念や自分をさいなむような気持ちが、多分起こったりしただろうと想像します。

でも、その過去を受容して、「あの時は、おれも未熟だったな」と、過去の自分自身を認めて、未熟だった自分も今はずいぶんまともになったと思いながら、さらにもっと成長していこうと決意をするのです。

こうした考え方ができるようになることは、人間力が高まるというこ

とかもしれませんし、社会的人格の形成ということかもしれません。私の言葉で言うと、「最新学習歴の更新」ということになります。

　人間は、時間軸の中に存在する生きものです。「過去→現在→未来」という時間の流れの中にいて、恥ずかしい思いはあるけれど過去もきちんと認めて、そして、今の自分も認めて、その上で、自分はこの先の未来をどう生きていくのかということに関して、明るい展望をもてるということが、とても重要なのです。

　一方で、なかなか過去を受け容れられなくて、今という時間を鬱々と過ごしてしまい、未来を考えるとさらに不安が大きくなってしまうというタイプの人もいます。授業であれ、クラブ活動であれ、していることに「やらされている」という感覚が強く、何をしても身が入らないという状態です。そんな感じの生徒は、たくさんいます。

　そこで、「過去→現在→未来」という時間軸を客観的に、自分の成長の軌跡として捉えられるかがポイントになります。

　このことは、「ほめ言葉のシャワー」だけではなく、「成長ノート」にも関連することです。これらは、自分の成長を確認することによって自分が人間として立派になっていく、自分の芯が太く強くなっていく、そして、強い人間になっていく、よりよい人間になっていくということを目指す取り組みであると言うことができます。

　こうしたことは、教科教育の中では、なかなかできないことです。国語、算数、社会、理科の授業を、どれだけまじめに受けたとしても、知識は身に付くかもしれませんが、自分が人間的にどれだけ成長したかという手ごたえは、あまり感じられないと思います。

「ほめ言葉のシャワー」では、他者からのフィードバックを受けることによって、

「ああ、そうか。自分は、人の話を前でちゃんと聞けるようになったんだ」

　とか、

「あの時、優しさを表現できていたんだ」
「ちょっと素直になれたかもしれない」
　と、自分が気づいていなかった成長に気づくことができるのです。
　これは、さらに人間的に成長していこうという、まさに「個の確立」ということにつながっていくと思います。

○人生に対する能動的な取り組み方を引き出す

　前述のことと関連して、最後の四つ目として、「個の確立」というのは、人生に対して能動的な取り組みをしている状態だということです。
「やらされている」ということではなく、自分で決めて自分で行う、自分の行動に責任をもつということです。
　勉強はしなければいけないもの、と思っている子どもは世の中にすごく多いと思います。勉強は、しなければいけないものではありません。日本国憲法に定められているとおり、学ぶことは「権利」です。しかしながら、そのように正しく捉えられている子は、滅多にいないと思います。
「ほめ言葉のシャワー」で、誰かが、
「○○さんは、○○○をしていました」
　と発言します。その時に何が起こっているかを考えてみます。
　発言するべき材料は、一つしかなかったのかもしれません。だからそれを言った、という単純なことかもしれません。
　ただ、当然、ある場面では、A君のよいところをいくつも見つけていて、何を言おうかと迷っているということもあると思います。もし、三つあったとすると、その中のAを言うか、Bを言うか、もしくはCを言おうかと、考えていることもあるでしょう。
「あ、Aは言われちゃった。残り二つになった」
　と思いつつ、
「どのタイミングで立とうか。どちらを言おうか」

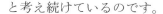

と考え続けているのです。

　実際に何をしゃべったらいいのかということについては、誰も正解をもっていません。全部、自分の発意でデザインして決め、行動に移していくしかありません。もちろん、誰かのしたことは参考になりますし、いいものは、どんどん真似してくことも大切です。それでも、真似をするということも含めて自分で選択して、自分が選んだ自分の言葉で相手に伝えるのです。

　そして、自分の言葉が相手にどのように伝わったのか、自分の言葉でその日の主人公の子の顔がどのように変化したのか、明るく笑顔になったか、ふうんという感じなのか、あるいは「？」という感じなのか。こうした、結果についても自分で引き受けなければいけないのです。

　まさに、自分の行為とその結果に対する責任が発生するのです。しかも、それが毎日続くのです。これだけ能動的に選択して発言し、その結果を引き受けるチャンスは、現在の学校教育の中にはまずありません。文化祭で何かの役割を担ったり、音楽会で何かの楽器を担当したり、学級委員になったとしたりしても、能動性を発揮して責任を引き受けるチャンスは決して多いものではありません。

「ほめ言葉のシャワー」は、毎日行われます。選択の決断をして、表現して、その結果の責任を受け取るという一連のサイクルが毎日行われるのです。

　毎日の取り組みの連続の中で、
「今日は、ちょっと滑ったかな」
「明日は、相手は違うけれど、どういうふうに言おうかな」
　と、一人ひとりが考えているのです。
「学習の権利」というと硬い言葉として受け止められがちですが、自分の行為とその結果に対する責任を毎日負う「ほめ言葉のシャワー」の活動を通して、学ぶことは権利だということを、子どもたちは知らず知らずの内に体得しているのではないかと思うのです。

このように、「個の確立」という観点に基づいて、四つの側面から「ほめ言葉のシャワー」について考えてみましたが、やはり、「ほめ言葉のシャワー」のもつ力はとても大きいと、改めて思っています。

■「ほめ言葉のシャワー」に取り組む教師の覚悟

○「ほめ言葉のシャワー」に対する批判について

「『ほめ言葉のシャワー』は、クラス全体でやるグループワークで、一斉授業以上に同調圧力が強く、それになじめない子にとっては、心理的拷問のようなものだ」

という批判を聞いたことがあります。

実際、短期的に、ある一瞬を切り取った場合には、つまらなそうだったり、苦しそうな顔をしたりしている子もいるかもしれません。そこで、こうした批判について少し考えてみたいと思います。

菊池先生は、個というものをとことん大切にされています。「今この子に対してどんな関わりをしたら、その子の人間的成長のために、ベストのサポートになるか」ということを常に考えていらっしゃいます。つまり、「個の確立」の前提として、「個を大切にしてフォローする」ということに重きを置いて実践されているのだと私は思います。

「ほめ言葉のシャワー」を導入する際に、背景や目的を十分に理解しないで、「皆が、何か友達のよいことを言えばいいんだ」程度の理解で形式的に流してしまうと、一人ひとりを大切にして、一人ひとりの人間的成長を皆の力で実現するという、いちばん重要な基本方針が見失われてしまうことがあります。

「ほめ言葉のシャワー」は、教師の側に、常に個を大切にして必要なフォローをするということが求められるのです。教師に求められるのは、観察力であり、共感力です。子どもに対するフォローは、タイミングが

命です。何かが起こったときに、その瞬間にフォローをして、子どもも「うん、うん」と言って終わりになることもあるでしょう。「あとで職員室に来なさい」ぐらいのことを言わなくてはいけないこともあるかもしれません。

「ほめ言葉のシャワー」を教室で実施したときに、それに乗り切れない子がいたり、上手くできない子がいたりするのは、ある意味当然です。そうしたときに、「個を大切にしてフォローする」「一人ひとりの人間的成長を皆の力で実現する」という基本的な考え方をもとに、教師が適切にフォローするという主体性こそが問われているのではないでしょうか。実践されている先生同士で、そのようなフォローの仕方について共有し、磨き合っていくということが大切だと思います。

「ほめ言葉のシャワー」では、ほめ言葉を贈った子はほめたつもりで言っているのに、主人公の側の子はほめられた気がしないということが起こります。典型的な例として、

「Aさんは、とてもスリムで素敵だと思います」

と伝えたときに、言われた子にとってはやせていることがコンプレックスだと感じていた場合、教師がていねいに観察していれば、その子の顔のわずかな変化が分かるはずです。教師がその場ですぐに、

「○○さんにとっては、すごく素敵に見えるんだよね」

と、「事実」と「個人的感想」とを区別することにより、フォローできます。

ほめ言葉を言っている子には、全然悪気はないわけですが、悪気がなければそれでいいということではありません。

「私は、やせっぽちだから…」

と思っている子の気持ちを、その場でフォローしてあげることが大切な場合があります。

その子の表情によっては、あとで、

「さっき、○○さんがスリムって言ったとき、ちょっと、『ん?』って

いう顔したでしょ。彼女にとっては、あなたがとてもスタイルがいいのがうらやましいところがあるんだよね」と、「スリム」ではなくて、「スタイルがいい」と別の言い方で伝え直してあげるのです。

　ほめ言葉のボキャブラリーを教師がもっていると、贈られた言葉の印象がだいぶ変わると思います。

　言われた子だけではなくて、言った子へのフォローも大切です。言った子には悪気はありませんから、別の機会にまた同じ言葉を使う可能性もあります。ですから、

「『スリムで素敵』って言ってたよね。観察力あるよね。あの時、彼女どんな顔していたか見てた？あまり見てなかった？あのね、一瞬ね、ちょっと顔色が曇ったの。どうしてだと思う？君にとっては『スリム』って素敵なことかもしれないけれど、彼女の顔色が一瞬変化したのは、やせっぽちだっていうふうに、やせてるっていうことを彼女は少し気にしているみたいなの。人間って、面白いね。だから、彼女には『スリム』だって、直接言わない方がいいかもしれないね」

とフォローしてあげるのです。

　このようにして、言った方の個や個性を大切にし、言われた方の個や個性もていねいに大切にしていきます。この積み重ねがとても重要です。
「『ほめ言葉のシャワー』を実践しています」

　と、ある先生からご自身の教室の様子のビデオを見せていただいたことがあります。それを見たとき、教師の子どもを見る力が弱いなと感じざるを得ませんでした。ほめ言葉を言っている子、言われている子の表情を見ることができていないのです。それは、ビデオを撮っている先生のカメラワークで分かることです。ビデオカメラを回すことに一生懸命になり過ぎている側面もあると思いますが、「ほめ言葉のシャワー」を導入することが自己目的化してしまっているのではないかと思うのです。本来の目的である、一人ひとりをきちんと見る、一瞬一瞬の真剣勝負を教師が「ほめ言葉のシャワー」の中でできているかどうかが問われ

るのです。

　菊池先生は、ものすごい場数を踏まれていらっしゃいますからそうしたことが自然にできるまでになっています。そうではない多くの先生方は、導入したことで満足して終わりにしてしまうのではなく、導入したあとの一瞬一瞬、一言一言の発し方、一言一言の受け止め方、それに対するフォローの仕方、こうした全てが教師としての人間性を問われる試金石なんだと決意して、「ほめ言葉のシャワー」に取り組んでいただけると、大きな成功を収めることができるのではないかと思います。

　教師の側のフォロー力は、観察力、語彙力、表現力、決断力と、多岐にわたっているのです。

○学習者としての教師

「ほめ言葉のシャワー」を導入したけれど上手くいかなくて、

「やっぱり、うちのクラスの子たちには『ほめ言葉のシャワー』は早すぎたのよね」

と、諦めてしまう教師の方もいらっしゃるようです。

　そうしたことを聞くと、教師としての主体的な責任はどうなっているのかな、と思います。

　菊池先生の教室の様子のビデオを見ると、とても感動しますが、一方で、「自分のクラスは、このようにはいかない」と思ってしまうのも事実です。ある意味、完成形を見てしまうわけですから、そういう気持ちも十分理解できます。

　ただ、菊池先生のクラスも最初からそのような完成形ではなかったはずですから、これから始めようという先生方には、菊池先生の教室をレベル10だとすると、レベル1の「ほめ言葉のシャワー」の方法論、レベル2の「ほめ言葉のシャワー」の方法論と、各段階のポイントを知って取り組みを始めるといいのではないかと思います。

　その意味で、この本で菊池先生ご自身が「『ほめ言葉のシャワー』を

成功させる導入の4つのステップ」を動画で具体的に示されたことや、「1年間を見通した　白熱する教室のつくり方」（中村堂／2016年）の中で、「ほめ言葉のシャワー」などを土台として「話し合いの授業」をつくっていくことを明確にされていることなど、初めて取り組みをされる先生方に具体的な方法論を示されていることに敬意を表したいと思います。

　「ほめ言葉のシャワー」の最初の段階は、先生が一人で30人をほめてもいいわけですし、次には、クラスの中の観察力、表現力のある子ども5、6人が手を挙げて言う形で進めてもいいわけです。「君はどう思う」と尋ねて指名する方法があってもいいのです。

　階段の刻みを細かくしていくという作業が実は非常に重要です。それも、ある意味、個を大切にする教師の側の教室運営のポイントになるのではないかと思います。

　完成形を見てしまうと、逆に後ずさりしたくなってしまうかもしれませんが、「ほめ言葉のシャワー」だけを切り取って菊池実践を学ぼうとしても不十分な結果になってしまいます。

　例えば、菊池先生は「成長ノート」の取り組みの中で、1行程度しか作文が書けない子に対しては、残りの作文を全部書いてあげています。そうした実践も「個を大切にする」という観点から言うと、その子にとっては「ほめ言葉のシャワー」が上手くできるようにするよりも、作文を共に書き上げるということのほうが最優先すべきサポートなのかもしれません。また、ある子にとっては、給食を食べられるようにするというサポートがいちばん大事なのかもしれません。

　教師が、出席番号の1番から30番までの児童一人ひとりに対して、自分にできるいちばんのサポートは何なのかということを考えながら、共通項として「ほめ言葉のシャワー」という打率の高い演目を選ぶというくらいの大きな視点での取り組みが大切だと思います。

　「『ほめ言葉のシャワー』は絶対に勘弁してほしい」という子がいたと

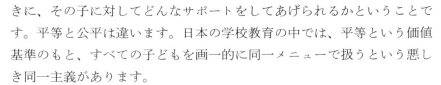

きに、その子に対してどんなサポートをしてあげられるかということです。平等と公平は違います。日本の学校教育の中では、平等という価値基準のもと、すべての子どもを画一的に同一メニューで扱うという悪しき同一主義があります。

公平は、一人ひとりがみんな違うということを正しく認識して、違うように扱うということです。カスタマイズしたサポートを行うのです。

ただし、全体として見たときに、みんなの間に不平不満が起こらないような配慮ができていることも含めて、初めて公平ということができるのです。公平な教育は、あちらを立てながらこちらも立てるという、とても難度が高いものです。

平等に扱うということは、一次方程式みたいなもので、必ず割り切れます。一方、公平に扱うということは、多元多次の30元30次方程式みたいなものですから、この最適解を見つけるということは大変な至難の業です。一つの最適解があるわけではないのですから、とりあえずこの辺りが解にいちばん近い78点の答え、でも来年は83点の答えまで高めていこうと考えながら、教師自身が自分の力量を上げていくという発想に立つことがすごく重要です。一度に完璧なものを求めようとすると、とても苦しくなってしまいます。

「ほめ言葉のシャワー」を導入することによって、教室の中の一人ひとりの子どもたちが、社会的規範を内面化していき、多様性を学び、自己表現力を身につけ、責任感が深まっていきます。こうしたことはとても大切ですが、さらに深く考えていったとき、「個を大切にし続ける自分自身の個の成長」ということが、さらに重要だと私は考えているのです。「自分は教師として完璧で、『ほめ言葉のシャワー』という完璧なプログラムを、自分のクラスの30人の子どもたちと一緒に完成させるんだ」

というような発想をもっているとしたら大間違いです。

教師自身が、自分自身も発展途上の学習者であり、「ほめ言葉のシャワー」を教室に導入してそれを見守る。そして、個別のサポートをする

という関わりの中で、自分自身の最新学習歴を更新し続けていくという意識をもつことが何よりも重要です。

それと対極の意識とは、

「『ほめ言葉のシャワー』を導入したいと思うのですが、どのようにしたらいちばん上手くいきますか」

と質問をするような姿勢です。これがいちばんいけません。教師一人ひとりがみんな違っているうえに、みんな違う教室で担任をしているのですから、普遍的な一般解は存在しないのです。

大切なのは、「ほめ言葉のシャワー」に取り組むという決断であり、その決断に対しての結果を自分自身で背負うという自覚や覚悟です。教師は「ほめ言葉のシャワー」を導入する人、子どもたちは「ほめ言葉のシャワー」をやる人、という考え方は大間違いです。自分も成長の輪の中にいる、自分も表現力とか自己責任とか個の責任とか観察力といったものを常に試されている、常に学び続ける、そういう一人の存在として今教室に子どもたちと一緒にいるという覚悟こそがいちばん重要です。

こう考えていくと、教師自身が、「セルフほめ言葉のシャワー」をやってみるのはいいと思います。やはり、自分のほめられたゲージが上がらないと、なかなか子どもをほめることはできません。

「ほめ言葉のシャワー」を導入する動機の一つとして、

「〇〇先生は、『ほめ言葉のシャワー』という最新のコミュニケーション教育の実践を導入している素晴らしい先生だ」

のような、他者からの評価を手に入れたいがために導入しているとしたら本末転倒です。「ほめ言葉のシャワー」は、子どもたちの成長のためにとてもよい、そして、自分の成長のためにもとてもよい、という判断が根本にないと、ボタンを掛け違うことになりかねないということです。

教育者が、「新しい教育手法を導入する」と思うと、だいたい間違えてしまうものです。自分自身の学びと子どもたちの学びを結び付けて、

子どもたちの学びも我がこととしてとらえ、一緒に成長していくという認識からずれないようにするのです。ぶれてはいけません。

○学び続ける教師－菊池省三の生き様に学ぶ

　菊池先生は、常に子どもたちと一緒に成長していくということを考え、実践されているからすごいのです。2016年度から高知県いの町の教育特使になられましたが、新しい立場に就かれ、新しい立場での仕事にドキドキワクワクされながら取り組まれています。ＳＮＳの投稿を読むたびに、そんな感動が行間から伝わってきます。そうした教師のときめきこそが大事です。

　菊池先生は、ある意味、すでに伝説の教師という立場になられたわけですから、教員を対象とした研修だけをしていれば楽なはずです。教室の子どもたちの前に立たなくても通用するはずです。もっと言えば、飛び込みで行く教室の現場では、必ずしも授業がすべて上手くいくという保証はないわけですから、リスクをわざわざ抱えようとしなくてもよいはずです。

　でも、うまくいかないかもしれないリスクに挑戦すること自体が真剣勝負であり、菊池省三という人間が学び続けているという証なのだと思います。そうした姿に心底感動いたします。

「個の確立」ということを、私なりに言い換えるとすれば、それは「学習者としての確立」です。菊池省三という人は、教育者であると同時に、たぐいまれなるコミュニケーション教育の学習者であると思うわけです。菊池先生は、普段「教育実践家」という肩書を使われていらっしゃいますが、それは実践をとおしてしか学べないという信念の表明でもあると思っています。

　学び続ける姿こそが、ほかの、特に若い先生方をインスパイア（感化）するエネルギーです。飛込授業で、それまで何の人間関係もない教室に入って行った場合でも、30人、35人の子どもたちの心を一瞬につかむ

ことができるのは、
「この目の前の先生は、自分と一緒に成長しようと思っているんだな」
　と、子どもたちに思わせるオーラを体中から発し、伝わっているからだと思います。
「私、教える人。あなた、学ぶ人、勉強する人、教わる人」
　という立場とは全く違います。
「一生懸命、勉強しましょう」
　と、口で言うだけではなく、学び続けることを真正面から向かい合って実践されているわけですから、迫力が違います。「子は親の鏡」と言いますが、先生と子どもたちとの関係は、両方が鏡で、お互いに見つめ合いながら、お互いの学ぶ姿を確かめ合い、高め合う関係です。
　ですから、教師の成長なくして子どもが勝手に成長するということはありえませんし、子どもたちが伸びない状況で、先生だけが力量を高められるということはありえないのです。
「レッツ（let's）」です。一緒に学び合っていくということです。
「『ほめ言葉のシャワー』という手法をすればいいんだ」という勘違いだけはしてほしくないのです。菊池先生の「doing　何をしているか」ではなくて、「being　存在、在り様」を学んでいただきたいのです。being を学ぶということは、実はなかなか難しいことです。
　菊池先生の教室の様子の動画の中で、子どもたちの顔がきらきらと輝き、元気に活動している様子を見ると、あの手法を自分の教室でも導入したいと思い、方法を真似してしまいがちです。そして、一定レベルまでは、上手くいったように錯覚をしてしまうのです。もちろん、うまくいくこともありますが、それは方法がそうしたのではなくて、そうしたいと思った先生のエネルギーが成功を導いているのだと思うのです。
　子どもに対して向かっていくだけのエネルギーがあれば、子どもたちはそれに対してきちんと応えてくれます。教師の側が、子どもたちをコントロールしようと思わないことです。これは、「ほめ言葉のシャワー」

の「使用上の注意」として、とても大事なことだと思っています。
「いいことを言わなければならない」
「いいことを言わせたい」
　こうした思いは、
「勉強しろ」
　と言うのと全く同じです。コーチングの世界では、操作主義と言います。相手をコントロールしたいという願望です。
　教師は、教室の中での権力者ですから、その権力を行使したいという欲望があります。その欲望から自由になることは、実に難しいことなのです。その気持ちを脇に置き、その欲望から自由になるにはどうしたらよいのかー目の前の子どもたちに全力で取り組んで、同時に自分を高めようという自己学習への思いを強くもつということに尽きるのです。
　菊池先生は、まさに「自分で成長したい」という願望が振り切れています。探究者です。さらによい授業を、さらによい教室を、と絶えず思い続けていらっしゃいます。

○菊池道場というラーニングコミュニティ

　これまでの学校教育モデルは、個人主義モデルです。個人の能力をどう高めるかということが基本になっています。ですから、学級経営が上手くいかないことがあっても、教師自身が個人の能力の問題として受け止めてしまい、自分で問題を解決しなければならないと思い込んでしまうことが多くありました。そういう固定観念を多くの先生がもっていることと思います。
　一人で悩みを抱え込むと同じところをぐるぐる回っているだけで、すごい量のエネルギーを脳は消費するものの、事態の解決には少しもつながらないのです。
　菊池道場のような、ラーニングコミュニティがあって、同じような悩みをもっている人がいると分かった瞬間、私は一人じゃないんだと思う

ことができて、気持ちが解放され、気分が楽になるはずです。悩みを解消してくれる答えは、一つではありません。そこに参加している一人ひとりに、それぞれの実践がありますから、これは参考になる、この人はこのように頑張っているということを知ることができます。発想のヒントが広がって、行動のヒントになって、視界が開けてくるということがたくさんあるだろうと思います。

「ほめ言葉のシャワー」が目指しているのは、社会性の涵養です。他者と円満なつながりをもつということが「ほめ言葉のシャワー」、あるいは菊池道場が目指しているコミュニケーション教育の根本です。

精神的に病んでしまう人の多くは、孤立している人です。孤立している人が、やはりメンタルヘルスでダウンしてしまいます。孤立してしまう人は、真面目な方が多いので、それはもったいないことだと思います。一人で抱え込んでメンタルがダウンするというのは、コミュニケーション教育の目指す方向と対極にあると言えます。一人で抱え込むタイプの人は、新しいことになかなか挑戦できません。

新しいことにチャレンジすることが怖いという意識もあるのだろうと思います。それは、学校教育の弊害の一つで、
「チャレンジして上手くいかなかったらどうしよう」
とか、
「間違ってはいけない」
という思い込みがあるからです。

間違うとか失敗するとかと思わないで、チャレンジして上手くいかなかったとしても、それは「未成功」の段階であって、成功するまで挑戦する、今までとは違ったことをやっていく、ということを仲間同士で背中を押し合うようなことが大事だと思います。

第4章 教室の数だけ「ほめ言葉のシャワー」はある

第4章 教室の数だけ「ほめ言葉のシャワー」はある

頑張りたい子が頑張ることのできる学級の土台をつくる

愛知県犬山市立楽田小学校　萩原　舞

◆「自分で自分を育てる」

　小学校を卒業したあと、生活する場所や担任、一緒に過ごす友達など、周りの環境が変わっても、自分で自分を育てていける人を育てたい。そのためには、一人ひとりに強い「心の芯」が必要です。小学校で出会った仲間とのつながりや、自分は成長したのだという手ごたえ（事実）が、子どもたちの「心の芯」を強くすると私は考えます。そしてそれが、「どんなに周りの環境が変わっても成長し続ける人」を育てる上で重要なポイントになります。だからこそ、私は教師の道を選びました。子どもたち一人ひとりが、全力で頑張り抜くことのできる場をつくりたい。白熱する教室をつくりたい。いつもそんなことを考えています。

◆「ほめ言葉のシャワー」

「自分で自分を育てる」「全力で頑張り抜く」人を育成し、「白熱する教室」を創造しようとするとき、「教室が温かい場所である」ということは絶対的な前提だと考えています。友達との関係が悪く、教室が温かい場所ではないときには、子どもたちはおそらく周りの目が気になって頑張ることはできないと思います。私自身、「真面目でつまらない」とか「い

い子ぶっている」と思われることが嫌で、友達に注意できなかったり、本当はやってみたいことにも興味のないふりをしたりと、周りと群れている時期がありました。そんな環境からは「全力で頑張り抜く」とか、ましてや「自分を育てる」という発想は出てきません。

　成長の土台となる温かい環境をつくっていくために、私の学級では毎年「ほめ言葉のシャワー」を実践しています。

◆出会い

　始業式。6年3組の子どもたちとの出会いの日。初任で3年生のときに担当させてもらった子どもたちを、6年生でまた担当できる幸せを感じながらこの日を迎えました。

　この学年は、今まで関わってくださった先生方の影響か、とにかく「先生大好き」という子どもが多いです。こちらが提案することに、やる気をもって応えてくれます。「自分で考えて行動する」という面については少し弱い印象があるけれど、きっとそういった面での力も秘めている、と感じていました。

　初めての学活では、「リセット」をし、「学校は公の場」であることを確認しました。そして、「縦糸・横糸」「M・F・C」について話をしました。

「先生とあなたで縦糸を紡ごう。あなたたち同士で横糸を紡ごう。そうしてできた布は、きっとずっとあなたのことを守ってくれる大きな1枚の布になる」

「教室が家族だとしたら、先生は『mother』、お母さんのようにあなたを見守るよ。でもね、もしあなたが間違ったら、『father』、お父さんになって厳しく厳しく叱る覚悟で担任になりました。そして、『C』。私は今年30歳になるのだけど、時には『child』、子どもになって遊びたいです」

という話をしました。

さらに、そこにそれぞれ「斜めの糸」「S」を足しました。この学年の子どもたちは、学年主任の和田先生のご実践で「心のノート」という小さなノートで日々先生と交流をしてきているという経緯がありました。私も今年度、真似をして実践するつもりだったので、

「このノートではね、縦の関係でも、M・F・Cの関係でもなく、『お姉さん（sister）』として斜めの関係で書くからね。縦糸・横糸にさらに斜めの糸が加わって、より強く温かい布にしていこう」

と締めくくりました。

4月は、とにかく子どもたちのいいところを見つけて伝えるということを繰り返していました。「成長ノート」でも、「赤ペンはほめるためにある」と、張り切って赤ペンを走らせていました。

◆子どもたちの「今まで」と「これから」に寄り添う

学級目標を決める際、「子ども熟議」を行いました。「6年3組をどんな学級にしたいか」というテーマに向かって、グループごとに付箋に課題を書き出しました。そこには「すぐケンカをする人がいたら嫌だ」「悪口を言われるかもしれない」「仲間はずれにされるかもしれない」等、友達との関わりについての不安が多く挙げられました。ほんわかしていて幼い印象の学年でしたが、やはり子どもたちなりに今まで嫌な思いや辛い思い、理不尽な思いをしてきたのでしょう。この頃になると、そのようなことを「成長ノート」で打ち明けてくれる子も出てきていました。そこからは、「変わりたい」「みんなと一緒に成長したい」という気持ちが感じられました。その思いに応えるためにも、「ほめ言葉のシャワー」を通して、「横糸」を強く結んでいけたらと考えました。

話し合いの結果、学級目標は「『さすが6の3』と何度も言われる最強最速最高な32人の学級」に決定しました。

◆子どもたちと菊池先生との出会い

　この本のDVDに収録されているように、子どもたちの通う楽田小学校に、そして、我が6年3組に2日間にわたって菊池省三先生に来ていただきました。菊池先生との一日目の授業が終わったところで、前述した「心のノート」に感想を書いてもらいました。子どもたちの書いた文章は「たくさんほめてもらって嬉しいです」「菊池先生の授業は楽しい」など、明るい言葉があふれていました。特に多かったのが「明日も楽しみです」という一言。「明日が楽しみな学校っていいな」と素直にそう思いました。

◆6年3組のいま

「ほめ言葉のシャワー」を始めてちょうど一か月。「『ほめ言葉のシャワー』を始めて変わったこと」というテーマで「成長ノート」を書きました。以下に子どもたちの文章を紹介します。

>　私は、「ほめ言葉のシャワー」をして変わったことがあります。それは、学校に行く時の自分の気持ちです。私は「ほめ言葉のシャワー」をする前は、あまりクラスのみんなのいいところを知らずに、今までと変わらず普通でした。でも今は違います。私は「ほめ言葉のシャワー」をしてから、いろんな人のいいところをさがすようになりました。いいところを見つけるともうすぐにワクワクして学校に行くのも前より楽しく感じました。しかも私は自由起立が苦手だったんだけれど「ほめ言葉のシャワー」を始めてからは、すぐ立って言えるようになりました。
> 　「ほめ言葉のシャワー」は、楽しいしみんなのいいところをたくさん知れるし、自分の番が来る時は、ちょっとドキドキするけど、ク

ラスがまとまりそうなので、続けたいなあと思いました。

　　ぼくは「ほめ言葉のシャワー」を始めて、変わったと思うことや感じたことが二つあります。
　　一つ目は、みんな（自分も）「ほめ言葉のシャワー」への視点、意識が変わったということです。はじめは、ふつうに過ごしていて良いところを言ってもらえればいいやみたいだったけど、今は、みんな、積極的に、自分がいいと思ったことをやっています。ほめられるためだとしてもいいなと思います。
　　二つ目は、いいところの発表です。はじめは、言えなかった人が最後立って言っていました。そして、同じことが多く言われていました。しかし今では、みんな、自分から立ち、考えていたことを言われたら、他のいいところを見つけ発表しています。
　　ぼくは、「ほめ言葉のシャワー」をやって、このクラスが良くなると思いました。

　子どもたちが言うとおりで、はじめは「間」が空いてしまっていましたが、今では「シャワー」のように次々と「ほめ言葉」を主役に浴びせることができるようになっています。また、子どもたちは「ほめ言葉のシャワー」をとても大切に思ってくれています。朝から友達と主役のよいところを探す子、行事等で時間がない日に「今日の『ほめ言葉のシャワー』できるかな」と気にかけてくれる子、「早く日直になりたい」と主役になる日を心待ちにしている子。写真の柔らかな表情からも分かるように、６年３組は温かい雰囲気に包まれています。

◆個に寄り添う

　6年3組の井上拓実くん。彼は、公の場でのコミュニケーションが苦手です。3年生の頃から知っているけれど、彼の声をまともに聞いたことはありませんでした。

　4月7日始業式の日。帰ろうとする拓実くんに私は声をかけました。「さようなら」「……」返事はありません。「拓実くん、さようなら」、顔をのぞき込みながら、もう一度声をかけました。「さようなら」、担任として初めて聞いた拓実くんの声は、想像したよりも凛々しい声でした。私はそのとき、「きっと拓実くんは大丈夫だ」と思ったのです。拓実くんの成長を信じています。

◇拓実くんと菊池先生

　菊池先生との2日間の授業も頑張りました。菊池先生の動きに合わせて体の向きを動かす。菊池先生が「書きましょう」と言うと、すっと鉛筆を持つ。そこから悩んで手は止まってしまうのだけれど、よく聴いていることや、やってみようとする気持ちが伝わってきました。

　後から聞いた話ですが、拓実くんは家でもおばあちゃんに菊池先生の動画を紹介してくれたそうです。学校で心動いたことを家に帰ってからも調べたり家族に語ったりする姿がとてもいいな、と感じています。

◇拓実くんが主役の日

　「主役になる」というのは嬉しい反面、やはり緊張するものです。拓実くんは、教室でみんなの前に立ち、32名からの「ほめ言葉のシャワー」を浴びました。うつむきがちではあったけれど、しっかり前に立ち、友達からの言葉を受け止めていました。

　最後、私が横から近付き、彼へのほめ言葉を言おうとしたとき、体をすっとこちらへ向け、正対しました。思わずほめました。体の正面で相手の気持ちを受け取ろうとする姿に確かな成長を感じました。「成長しようとしている拓実くんは素晴らしい。でも拓実くんが頑張れるのは、あなたたちが温かいからだよ」と、いつも言っています。子どもたちも拓実くんの成長を信じています。まるで家族みたいだな、と子どもたちの姿を見て感じています。

◇拓実くんの「ブレークスルー」

　拓実くんの仲良しの友達、和久くん。和久くんが主役の日に、「ほめ言葉、書いてみる？」とメモ用紙とペンを渡してみました。実は、その日まで拓実くんにとってのほめ言葉は「立ち上がり、両手で主役と握手をする」というものでした。私の手から、すぐに紙とペンを受け取りました。そこには、和久くんへ「ほめ言葉」を贈りたいという気持ちが表れていました。私が「今日の音楽のことにしたら」と問いかけると、それは違ったようで、結局別の言葉を書くことにしました。少し手伝いましたが、紛れもなく拓実くんの本当の気持ちです。受け

取った和久くんも嬉しそうでした。

◆「教室は家族です」

　先日、修学旅行に行ってきました。その中で、「修学旅行っていう実感がまだわからない」と話す子たちがいました。どういうことかと話を聴いていると、「だって、6年3組は家族みたいだから、家族旅行みたい」ということでした。そう話す彼女たちは、ルールやマナーを守るという当たり前の行為をした上で、自分らしく「さすが」を目指していました。頑張りたい子が頑張ることのできる学級の土台ができてきているのではないかと感じています。

◆自分らしく

「本当は頑張りたい。でも…」
「どうせ自分なんて…」
　どこの教室にも、そんな気持ちを抱えている子はいるのではないでしょうか。
　表面上問題はなくても、
「○○さんは、自分のことどう思っているのだろう」
「こんなことしたら、悪口言われるかな」
　と、もやもやした気持ちで日々を過ごしている子もいるのではないでしょうか。
　そんな子どもたちの気持ちに寄り添いながら、子どもたちが頑張りたくなる場所、そして、自分らしくいられる場所を創ることが担任の使命だと考えています。私は教師として、自分の元を巣立ったあとも、自分らしく成長し続ける人を育てていきたいです。

教室の数だけ「ほめ言葉のシャワー」はある

自分もみんなも大好きな子に！〜言葉でつながる1年4組〜

神奈川県公立小学校　酒井萩乃

◆はじめに

「自分が大好き！」の子どもを育てるためには、ほめられた経験を多く積んで自己肯定感や自己効力感をもつことが重要です。そのためには教師自身が「ほめ続ける」必要があります。一人ひとりの子どもや学級の成長を見逃さず、「ほめる」「価値付ける」「認める」ことを行い、ほめられた子どもだけではなく、学級全体でその素晴らしさを共有します。そうすることで、子どもたちの自尊心が高まり温かい言葉や行動が広がっていきます。

◆「みんなも大好き！」

子どもたちは、自分がほめられ、認められていることが実感できると、自尊感情が高まり相手のことを思いやれるようになります。そこで他者意識から他者理解につなげることで、人の良さの多面性に気づけるようにしました。人の良さや価値に気づくと、好感をもつことができます。

① 個の確立した集団を育てる

1年生の担任をしていた時に出会ったAさん。入学したての頃は、すべてが初めての経験で、学校の環境に慣れるのに時間のかかる子どもは多くみられます。徐々に新しい友達ができ、たくさんの経験をしていくうちに慣れてくるものです。しかし、Aさんは、なかなか環境の変化に慣れることができず、教師や友達にも自分の気持ちを伝えることができ

第4章 教室の散だけ「ほめ言葉のシャワー」はある

ませんでした。Aさんは、いつも伏し目がちで悲しそうな表情をしていて誰とも関わろうとせず、一人で過ごしていることがありました。

○日常的にほめる

　そんな中でも子どもたちの言葉や行動を日常的にほめることを続けました。Aさんの小さな事実に価値付け、ほめるを繰り返し、Aさんの良さを学級のみんなとも共有しました。しかし、それは失敗でした。子どもたちは、誰もが「ほめられたい」「認められたい」と思うものです。Aさんにとってほめられるということは、注目される（拍手される）即ち、抵抗感が増すばかりで逆効果だったのです。それに気づき、個人的に声をかけたり、コミュニケーションをとったりして彼女の様子を見守りましたが、それに対しても嫌悪感を抱いていました。

　周りの子どもたちにも同じように、言葉や行動を価値付けほめ続けました。学級には、温かいほめ言葉が広まり、ほめる視点が増え、教室に

は安心感が生まれました。「ほめる」ことはとても効果的でした。Ａさんにもきっと伝わっていると信じ、私はほめ続ける覚悟を決めました。

〇コミュニケーションゲームで関係づくり

　Ａさんには楽しいゲームという活動の中で、人との関わりに触れながら安心感をもってほしかったので、朝の時間や隙間時間を利用して、言語、非言語のコミュニケーションゲームを行いました。子どもたちは大盛り上がりでしたが、Ａさんには失敗でした。ゲームを楽しむことができず、泣き出してしまったり、参加できずにみんなの様子を見ていたりすることが多くみられました。やがてコミュニケーションゲームに委縮するようになりました。

　その反面、学級には笑顔があふれ、全体の雰囲気や子ども同士の横のつながりが強まり、距離が縮まりました。そうすることで、日常の学習対話がスムーズ、かつ活発に行われるようになりました。

　このまま「ほめ言葉のシャワー」を始めるのは、Ａさんにとっても、学級にとってもまだ早いと判断しました。もっと信頼関係を深め、本来目的とされている「ほめ言葉のシャワー」の意味や意義を、子どもたちが効果的に感じられるような時期を探りました。

　そこで力を入れたのが、語彙力アップのための価値語です。

〇　『子どもの可能性を引き出す価値語』

　ほめることの良さを知って、素直にみんなの良いところを見つけようとする１年生ですが、語彙力が足りないと感じました。一人ひとり伝えたいことは違うのに、言葉を知らないことで同じ表現になってしまうのです。より主体的に考えるためには、言葉が必要です。教師が言葉を示して教えることは簡単でしたが、１年生という発達段階を考えて、子どもたちが興味をもつようなきっかけがほしいと考えていました。

　ある日、友達に優しい言葉をかけていた子どもをほめていた時のこと

第4章 教室の数だけ「ほめ言葉のシャワー」はある

でした。一人の子どもが、
「今の言葉、ポジティブにこんにちはだね！」
と言いました。
「ポジティブな言葉を使って声をかけていたから、挨拶したみたい」
と付け足しました。
「おー！」
「いいね！」
と教室に大きな拍手が響きました。それまで同じような言葉を使っていた子どもたちには、新鮮で感動する言葉だったのです。その瞬間から、言葉って面白い、もっと知りたいと子どもたちの意識が変わっていきました。

　初めは、教師が子どもたちの言動や行動を、積極的に言葉で表現しました。その都度、言葉の意味を教え、教室に掲示していきました。すると、自由帳にメモをする子どもが出てきました。習いたての文字を一生

懸命書き、子どもたちは面白いほど言葉を吸収していきました。その中に、Ａさんの姿もみられました。言葉に興味をもったＡさんは驚くほど変わっていきました。言葉を獲得することで、教師や友達とつながるようになっていき、ほめられることに喜びを感じていました。その頃には、抵抗感や嫌悪感はなくなり、笑顔が見られるようになりました。

○子どもたちの規模の拡大－『メモ帳の解禁』

　次第に子どもたちは、自由帳をどこにでも持っていくようになりました。大きな自由帳は活動には不向きだったため、携帯しやすいメモ帳を持ってきていいことにしました。すると、今まで教室でしかメモを取らなかった子どもたちも、メモ帳を持てることの嬉しさから、移動のときにもメモをする子どもが増えました。また、朝会での校長先生の話の中の言葉に着目し、良い内容をピックアップしてメモをする姿がみられました。毎週校長先生の話をメモしている１年生は、周りからすると異様だったかもしれません。ただ、校長先生の話をこれほどまでに聞いて、記憶している１年生もいないだろうと思っていました。読み聞かせの時間も同様に、良い言葉に着目しながら物語を楽しんでいました。言葉に敏感になっている子どもたちは、読み聞かせで大発見をしました。それは、本の中には素敵な言葉がたくさん隠れているということでした。それ以来、教科書や絵本など、様々な本の中から価値語を見つけるようになりました。子どもたちは、「価値語大発見祭りじゃ〜！」と大興奮でした。

○他の学級との交流

　幸せなことに、同じ学年に菊池先生の実践を行っている学級がありました。そこで、価値語を交流する時間を設けたのです。教室に掲示している価値語を見たり、自分の好きな価値語を伝え合ったり、それぞれの学級のカラーに合った価値語に新たな気づき・発見をし、刺激し合いま

した。その後は、学級の価値語が増えるたびに、意識して競い合いました。Aさんも掲示されている価値語を熱心に興味深く見ていました。

　一人ひとりが自分で考え行動することで、集団の質が上がります。自分の意見や考えや思いを大切にし、それを実現するために主体的に行動することで、相手の意見や考えや思いも大切にすることができると感じました。そうすることで、個と集団の一体性を強め、個の確立した集団を育てるのにつながるのではないかと考えました。

②ほめ言葉のシャワーによる子どもの変容

　子どもたちが学校生活に慣れてきた頃から、継続的に価値語指導をしながら、全員参加の「ほめ言葉のシャワー」を始めました。事実＋価値付け＋Ｉメッセージを子どもたちに教えましたが、初めは簡単なほめ言葉ばかりでした。しかし、事前の価値語指導や子どもたちの言葉への関心から、様々な価値付けがたくさん出てきました。とても１年生とは思えない表現豊かな「ほめ言葉のシャワー」でした。Aさんも、初めは戸惑っていましたが、以前のような抵抗感はありませんでした。言葉に詰まる場面では、周りからの
「次でもいいよ」
　という優しい声かけに、
「先に、次の人お願いします」
　と今の自分の状況を判断し、はっきり答えていました。また、ほめ言

葉の声の大きさは堂々としていて、内容がよく伝わりました。
「○○さんは笑顔ですね。その笑顔は、みんなが楽しくなるような笑顔です。私も○○さんのような笑顔を出したいです」
　と伝えていました。Aさんなりの頑張りが見られ、その様子に彼女の強さと成長を感じました。Aさんは、言葉を獲得することで、表現力もアップしました。
　ほめ言葉に取り組むことで、子どもたちの視点が広がり、物事を見て解釈する視点が生まれました。また、アクションワードを活用することで、ネガティブワードをポジティブワードに変えることができました。
　どうすることが良いことなのかを考えるようになり、行動に移すことができるようになりました。アウトプットができるようになったのです。

○カレンダーの作成
「ほめ言葉のシャワー」だけでは、足りない！日直以外の人にもたくさんの良いところがある！伝えたい！と子どもたちから声が上がりました。しかし、それ以上の時間をとることは難しいと考えていたところ、
「ほめ言葉カレンダーを作りたいです」
　と子どもからの提案がありました。ほめたい、良いところを相手に伝えたい、という思いが行動に表れました。なぜ、カレンダーなのか。ほめることが毎日あるからです。ほめるポイントを見つけたら、誰でも自由に書いていいというものでした。それ以降も○○カレンダーとたくさんの活動が行われました。

◆おわりに

　本当に温かい学級になりました。それは、「ほめ言葉のシャワー」という取り組みをきっかけに、毎日、どの時間も「ほめ言葉」が飛び交う学級になったからです。一人ひとりが言葉に着目し、それをほめ言葉に

第4章 教室の数だけ「ほめ言葉のシャワー」はある

変換する技術が身に付いたからです。

　1年生という枠にとらわれることなく、子どもの可能性は無限大ということを子どもたち自身が証明しました。

「ほめ言葉のシャワー」に取り組み、学級に安心感が広がり、積極的な行動が増え、人との関わりや関係づくりが飛躍的に伸びた子どもたちの姿こそ、大きな変容だと考えます。

第4章 教室の数だけ「ほめ言葉のシャワー」はある

「ほめ言葉のシャワー」で低学年の心を耕そう！

長野県小谷村立小谷小学校　川尻年輝

①「ほめ言葉のシャワー」で子どもを育てる

■はじめに

「ほめ言葉のシャワー」をなぜ行うのか最初に考えてみたい。

右のグラフは、平成26年度の内閣府から出された『子ども・若者白書』からの「自分自身に満足している」「社会の問題に関与したい」の質問に対する回答結果である。

いずれの問いも諸外国に比べて低い結果となっている。

このことから、日本の子どもたちは自尊感情が高くなく、社会（公）に対してあまり関心はないということが言えるのではないか。

こうした状況が、学校現場における小1プロブレムや中1ギャップ、高1クライシスといった問題、そして学級崩

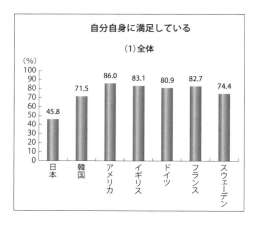

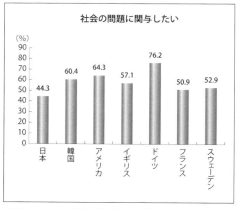

平成26年度内閣府「子ども・若者白書」から転載

壊などにもつながっているのではないかと思われて仕方がない。
　これらの問題につながらないような取り組みを考えてみると、「ほめ言葉のシャワー」は実に有効な手立てだと言えるのではないか。なぜなら、ほめることを通して子ども同士の関係性を良くすることで、自分に自信をもち、社会と関わっていこうとする素地ができあがっていくからである。
　特に学校生活が始まる低学年の時期に取り入れることこそ、大変効果があるのではないかと考える。

■低学年の子どもたちの様子
　○スポンジのように、教師の言うことや話すことを吸収していける素
　　直な心が見られる。
（事例1）
　教師の授業の記録を起こし、子どもたちの話し方を調べると、話し方や言葉の使い方が担任ととても似ていることが分かる。
　私の受け持ってきた低学年の学級では、
「～だったりするじゃないですかあ」
「つまり、～と思います」
　などと、子どもが語っており、イントネーションもとても似ていた。
（事例2）
　担任の話すことは、子どもたちにとって絶対的な意味をもつことがある。家庭で、保護者が自分の子どもに教えようとすると、
「先生は、～のように教えていた」
　と、話すことが多いのもその一つである。
　△低学年の子どもたちの特徴として、自己中心的な態度・考え方があ
　　る。自分を中心とした行動を取りがちなため、少しのことでも自己
　　を主張し譲り合わないためトラブルになってしまうことがある。
（事例1）

子どもたちに整列を委ねると、「早い者順」という選択をすることがある。とにかく一番になりたいという思いが強いため、同時に到着するようならば友達を押したり、服を引っぱったりして我先にと並ぶ姿を目にすることがある。あるいは、着順で口論となることもある。
（事例２）
　自分が発言をする場合には積極的だが、友達の発言には関心がなく、まったく話を聞こうとしない態度が見られる。自分には感心があるが、他人には関心が向きにくい。

　上記のような実態から、低学年での「ほめ言葉のシャワー」のねらいとして、以下の３点を大切にして進めていきたい。

1. 子どもの成長を信じ、「価値語」、「ことわざ」、「四字熟語」をはじめとするプラスの言葉を子どもたちがたくさん浴びるよう、植林するように言葉を増やしていく。特に学校という"公"を意識した言葉を大切にしていく。
2. 質より量を大切にし、毎日継続して行っていく。結果を焦らず、"継続性の原則"で粘り強く続けていく。
3. 可視や不可視に関わらず、小さな子どもの変容を見つけ価値付けしながら教師がほめ続ける（モデリング）。学級に温かな「ほめ合うサイクル」をつくる。

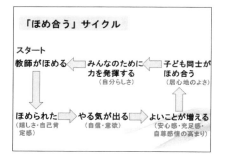

教師の言葉がけ（ほめ方）のポイント
1. 本人も気づいていない、目立たない美点をほめる。
2. よいところを具体的にほめ、価値づける。
3. タイミングよくほめる。
4. 間接的にほめる。
5. 結果よりも、過程を通した変容をほめる。
6. 非言語の部分や、不可視の部分をほめる。

②ほめ言葉のシャワー　個の確立した集団を育てる

■学ぶとは、"まねぶ"から

　低学年の児童に、どのように「ほめ言葉のシャワー」を始めていったら良いのか、あるいは「ほめ言葉のシャワー」の活動がそもそも成立するのか、戸惑われる先生方が多いのではないだろうか。

　私自身も、高学年での実践事例は、菊池先生のご実践をはじめとして書籍等でも数多く載っており、なんとなくこんな感じで始めたら良いのではないかとイメージできたが、小学校1年生をはじめとする低学年児童にどのように始めていけばよいのかイメージができなかった。

「『ほめ言葉のシャワー』はとても良い活動だが、始められない」

　そんな声が聞こえてきそうである。

　菊池実践の価値語に"できん、わからん、知らん"といういわゆる「バカの三拍子」というのがある。

　やる前からすでに諦めてしまったり、一歩が踏み出せなかったりするなど、何も行わないという児童がいつの時代にもいる。なぜそうなのか、原因は様々だと思われるが、自らの成長を放棄する大変もったいない話である。

　しかし、これは自分も含めた大人たちも同じなのではないかと思われる。だからこそ「ほめ言葉のシャワー」を始める一歩を踏み出していただきたい。

　そこで私の学級では、正に手探りであったが"まなぶ"の基本である、"まねぶ"からまずはスタートした。

　つまり、まねぶ＝モデリングと捉え、教師がまず率先して形を示し、それを児童がまねをすることから始めた。

■「ほめ言葉のシャワー」は、突然に…

　新1年生を受け持ち、学校生活にも十分慣れてきた6月中旬頃、子ど

もたちに次のような話をした。
「『ほめ言葉のシャワー』というものがあるのだけれども、やってみませんか？」
　突然の話に子どもたちは、何のことだが分からないという表情でぽかんとしていた。
　そこで、「ほめ言葉のシャワー」について簡単な趣旨を伝えたあと、まずは担任自らが手本をみせるべく、実際にやってみせた。
「飯田由範さんは、いつもニコニコとしています。とても良いと思います」
「吉澤宏二さんは、人の話をしっかり聞いています。すばらしいと思います」
　さらに、ある１人の子どもに教室の前に立ってもらい、実際に行った。「ほめ言葉のシャワー」の具体化、可視化である。
「藍花さんは、先生の話が始まるとまっすぐに先生の方を見て、黙って話を聞いているところが素晴らしいと思います。なぜなら話を聞くことは、相手を大切にすることだからです」（拍手！）
「では、みなさんたちの中で藍花さんのことをほめられる人いますか？」
　クラス全体にたずねてみると、早速何人かの子どもが手を挙げた。
　その中の一人、蒼太郎くんが次のようなほめ言葉をかけた。
「藍花さんは、朝教室に来たときに、元気よく『おはようございます』と言って入ってきて良いと思います。なぜなら元気の良いあいさつができるとみんなが気持ちいいからです」
　話し終わったとたん、クラス中に大きな拍手が巻き起こった。
　拍手をもらった蒼太郎くんは満面の笑顔で、そして藍花さんもはにかんだ笑顔いっぱいの表情だった。
「みんなで始めてみませんか？」
　の担任からの問いかけに、
「やってみた〜い！」

「やる、やる‼」
「先生、今からやりたいです」
　たくさんのポジティブな声があがった。
　この日を境に１年生でのほめ言葉のシャワーが始まった。

■型から始めよう

　「人間を育てる　菊地道場流　作文の指導」（中村堂）の中に、"型→自由→型→自由→…で伸ばす"という項目があります。
　そこに書かれていることを端的に表すと、
「作文の書き方を知らない子どもたちにとって、ある程度の作文の型を指導することはとても大切なことであり、型に慣れさせることは少しずつレベルアップが図られていくことにつながり成長していける」
　ということである。
　これは、話し方にも当てはまると思われる。話す術が何もないところから話そうと促しても言葉が出てくるものではなく、ベースになる部分があるからこそ話せるものだと思われる。
　話は変わるが、外国にルーツをもつ子どもたちが日本の学級に来ていちばん困るのは、日本語の壁であり、担任にとってはどのように指導していけばよいのかよく分からないということがあるのではないか。
　そこで右図に一般的な日本語指導の手順を示した。
　ここで注目してもらいたいのが、初期の日本語指導について「サバイバル日本語（※1）、文字、筆記の学習に加え、基本文型等の学習」がなされることである。（※1　来日直後の児童生徒は、言語はもちろん文化・習慣の違いから生活のあらゆる場面で、困難に直面します。日本の学校生活や社会生活について必要な知識、そこで日本語を使って行動する力を付けることが目的であり、挨拶の言葉や具体的な場面で使う日本語表現を学習することが主な活動になります。文部科学省「日本語指導担当教員の役割」より）
　ここで考えたいのが、低学年の児童にとっても外国にルーツのある子

どもたちと同様に、日本語がまだ身についていないため話すことに抵抗感をもつのではないか、つまり同じなのではないかということである。

だからこそ、話せるようになるためには、日本語の型を初期の段階で教えることが大切であると思われる。

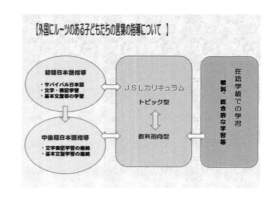

具体的に私が最初に行った指導は、
「○○さんは、〜というところが良いところだと思います。なぜなら〜だからです」
「○○さんの良いことを○つ言います。一つ目は〜」（○つあります構文）
　この型を初期の段階で繰り返し行うことで、自然と誰もが話せるようになっていった。

■時間をかけて
「ほめ言葉のシャワー」をしてみた先生方から、
「やってみたけど効果（成長に繋がるということ）がなかった」
　ということを耳にすることがある。
　日本の学校生活は、時間に追われて大変忙しい。その忙しさから、「ほめ言葉のシャワー」の活動をやめてしまうと成果は現れない。
　しかし、忙しい中であっても毎日「ほめ言葉のシャワー」を行っていくことにより、様々な個の変容が少しずつ確実に見られる。じわりじわりと子どもたちが変わっていく。
　それはまるで「三百六十五歩のマーチ」の歌詞にあるように、時には進み、時には後退するが、確実に一歩一歩子どもたちの心の成長につな

がっている。

> ☆「ほめ言葉のシャワー」低学年での成立のキー
> 　まとめると、「ほめ言葉のシャワー」が低学年で成立するかどうか、それは3点あるように思われる。
> 　1つ目は、まずは「ほめ言葉のシャワー」の第一歩を進めるかどうかということである。ここが成立のためには大きいと思われる。
> 「『ほめ言葉のシャワー』って、高学年の活動なのでは。低学年では無理…」
> 「低学年でやったって…」
> 「そもそも、やり方がわからない…」
> 　やる前から諦めたり否定的に捉えていたりすれば、何も始まらない。まずは、やってみよう。
> 　2つ目は、話すことに抵抗感のある子どもたちが話せるようになるには具体的な型をまずは示すことである。型に十分慣れることで、一歩一歩話す力がつき誰もが話せるようになる。
> 　3つ目は、継続して取り組むことである。成果や結果を急がず、子どもの成長を信じ、粘り強く取り組んでいくことが大切である。

③「ほめ言葉のシャワー」による子どもの変容

■個人の変容の具体
1. コミュニケーションがとれるようになった仁美さん

　学年当初の自己紹介で、話ができず涙を流してしまった仁美さん。
　とても優しい性格で引っ込み思案な側面がある子どもであった。入学当初から、自分から友達に話しかけられず、一人でいることが多かった。
　しかし、「ほめ言葉のシャワー」を通じて自分に自信をつけていき、3学期の頃には、「話すことが好き」と言えるまでになった。また、話せ

ることで行動にも変容が見られ、休み時間に友達とともにダンスを踊るなどアクティブに成長していった。

2. 自分の感情が抑えられるようになった健太くん

　友達と積極的に関わりたいと思っているのだが、思うように話せないため感情を爆発させてしまうことがたびたびあった健太くん。

　イタズラや悪ふざけをしてしまったり、少しでも友達から責められるといきなりパンチやキックをしてしまうような行動が見られた。

　それまでは、学級のみんなが健太くんの良いところを見ず、欠点ばかり見ている事実もあったため、そのような行動をとってしまうのだろうと感じていた。

「ほめ言葉のシャワー」で、みんなからプラスの言葉をたくさん浴びることにより、自尊感情が芽生え、少しずつ自分の感情をコントロールできるようになっていった。言葉で感情を伝えられるようになり、暴力行為がなくなることや笑顔が増えるなど大きな成長を遂げている。

3. 過ちを認められるようになった拓朗くん

Ｓ１「ぼくは何もしていないのに、相手の○○くんが叩いてきたからケンカになった」

Ｓ２「急にぼくのことを悪口言ってきたり、背中をつついてきたり蹴ってきたりしたから、やり返してケンカになった」

　ケンカの双方からの言い分である。明らかに矛盾が生じている。叱られるのが嫌で過ちを認めようとしないからである。そんなところが見られた拓朗くんであったが、今ではいけないことを素直に認め、反省できる姿に変容している。失敗を成長につなげられる姿がある。

■学級の変容の具体

1. 学び合える集団に

　体育や生活科など、授業でグループを組むことがある。特に指示しなければ、以前なら好きな者同士が組んでしまい、独りぼっちになる子ど

もが出てしまうことがあった。

　現在では、誰とでも組めるようになってきている。そのことで、たとえば算数の授業中において、分からない子どもが教えてもらったり、分かる子どもが丁寧に教えたりする学び合いができるようになってきている。菊池実践の「一人も見捨てない」の姿が具現化されている。

2.　気づける集団に

　教室移動の際に教室の電気がついていると、誰かが気づいて消したり、教科書を忘れて困っている友達にさっと教科書を見せたりするなど、気づき行動が増えてきている。ゴミが落ちていることも少なくなってきている。

3.　公を感じられる集団に

　九州熊本地震があり、朝の時間で話をした。
「九州の人たちに食べ物や水を送りたい」
「みんなで手紙を書き、元気づけたい」
　などの声が上がった。話し合いをした結果、クラス内でバザーを行うことになり、保護者の方々の全面的な協力のもと参観日にバザーを行い、その売り上げを日本赤十字社へ義援金として寄付した。

　バザーの準備や販売活動も全員が心を一つにして一生懸命行う姿があり、クラスの大きな成長を感じている。

第4章 教室の数だけ「ほめ言葉のシャワー」はある

言葉の力で個が輝く！集団が動き出す!!

徳島県石井町立藍畑小学校　堀井悠平

1 「どんな子どもを育みたいのか？」ベースにある教育観

　どんな子どもを育みたいのか、改めて考えてみました。そして、気づいたことは、私の教育観には「野球」が大きく関わっているということです。私は、幼い頃から大学を卒業するまでずっと野球をしていました。そこで学んだことが、今の教育観のベースになっているのです。菊池先生は「公の場（社会）で通用する人を育てる」とよく言われています。私の少年野球の監督も同じように、野球を通じて社会に通用する人を育てたいと考えておられました。その監督は「礼儀・奉仕・感謝・向上・団結」の5つの心を大切にされていました。「野球人である前に社会人であれ」という川上哲治の名言がありますが、まさにそのように考えて指導してくださいました。野球の練習以外にも、地域のカーブミラーやガードレールを拭くなどのボランティア活動で奉仕の心を学び、保護者の方や相手チームに対する礼儀や感謝することの大切さを学びました。

第4章 教室の数だけ「ほめ言葉のシャワー」はある

監督は一般の方でしたが、本当に立派な教育者であったと教員になって改めて感じます。

　高校時代は、「言葉の力」を感じる体験をしました。高校3年生の夏、幼い頃からの夢であった甲子園に出場することができました。公立の進学校だった私たちの高校は、言葉の力で甲子園出場に大きく前進しました。菊池先生がよく、「言葉は実体験を求める」と言われますが、まさにそのとおりで、私たちは自分たちの夢を信じ、家族や友達、地域の人々などに夢を語っていました。また、プラスの言葉をチーム内でかけ合い、いい雰囲気をつくっていきました。すると、チーム全体に一体感が生まれ、みんなで戦っているから大丈夫だという安心感をもって試合に臨むことができました。さらには、夢を語り続けることで少しずつ周りの方々も野球部のことを応援してくれるようになりました。こうして私たちの野球部には「竜巻きのような大きなうねり」ができていきました。今でも私は、言葉の力によって大勢の心を動かしたのだと信じています。この体験から、「言葉の力」を大切にしていこうと考えるようになりました。「社会で通用する人に育みたい」「言葉の力を信じ、努力できる人を育みたい」－この2つが、私の教育観の大きな柱です。そして、大学4年生の時に、菊池先生の出演された「プロフェッショナル　仕事の流儀」を見ました。その時に「言葉の力で人を育てる」という菊池先生の言葉に惹かれ、1年目から菊池先生のご実践を追いかけるようになりました。

1. 「ほめ言葉のシャワー」で変わる教室！柔らかく温かい教室づくり

　新任1年目は3年生を担任させていただきました。新卒の私のために、学校内でも大変落ち着いた学級をもたせていただきました。しかし、4月の学級開きから数日間子どもたちと過ごす中での印象は、真面目で落ち着いているように見えるけれど、本当は自分に自信がなく積極的になれていないのではないかということでした。発表をするときは下を向い

たり、ボソボソと言ったりといった様子がよく見られ、発言する子も限られていたのです。

　そこで、自分に自信をもって個性が出せるようにするためにはどうすればいいのかと考えていました。まず考えたのは、教師と子どもとの信頼関係をつくっていくということです。

　そして、取り組んだのが「成長ノート」です。毎回、子どもたちの言葉を受け入れて、肯定的なコメントを赤ペンで書き込んでいきました。
「大丈夫！あなたにもいいところはたくさんあるよ」
「そんなこと考えてくれてたんだね。ありがとう」
　そんな思いで書き込んでいきました。そして翌朝、子どもたちの机の上に成長ノートを置くようにしています。そのノートを嬉しそうに何度も何度も読み返す子どもたちの姿があります。こうして、少しずつ子どもたちと向き合い信頼関係を築いていきました。

　また、普段の授業では、子どもたちの発言をとにかく一度受け入れて、その発言のよさを子どもたちに伝えたり、考えさせたりしました。的外れな発言がでても、失敗感を与えないような言葉かけを日々考えながら実践しました。

　これらは、教師と子どもとの結びつきが大きいように思います。教師と子どもとの縦の関係が結ばれた次は、子どもたち同士の関係を結びつけていくことが大切です。そこで、子ども同士のつながりが生まれるのが、「ほめ言葉のシャワー」だと思います。毎日１人の主人公を観察し、ほめ言葉を伝える中で、日頃関わりのなかった友達ともつながるきっかけが生まれます。１年間、この「ほめ言葉のシャワー」を続けていく中で、学級内に様々なエピソードやドラマがありました。

2. 声が小さく、自分に自信がもてないＡさん

　新学期がスタートして間もなく、学級内で気になることがありました。それは、授業中Ａさんが発表するときに、声が小さく、周りの友達が、

「もう一度言ってください」

と冷ややかな声で言っているのです。Ａさんも、困った表情を浮かべていました。１学期の初めのスピーチでは、一言も話せずに涙することもありました。そんなＡさんは、学級内でも大人しい性格で、学校生活の大半を特定の友達と２人で一緒に過ごしていました。しかし、４月から取り組んでいた成長ノートには、「みんなに聞こえるぐらいの声で発表したい」という思いが綴られていました。私は、その言葉を見て、一緒に頑張っていこうと決意を固めたことを今でも覚えています。また、Ａさんには自信をもってもらいたいと思いました。そこで、授業中Ａさんを指名したときには、

「さっきより声がはっきり聞こえたよ」

とフォローの言葉を入れたり、どんな意見であっても受け入れたりしていました。もちろん、日々の成長ノートのやりとりの中で、励ましたり、思いを共感したりし続けていきました。そんなことを繰り返していくうちに、ほんの少しずつですが授業中手を挙げて発表するようになってきました。

3. Ａさんが輝いた瞬間

10月のある日、私は道徳で研究授業を行いました。この研究授業を、校内の先生方はもちろん、県の指導主事の先生や、初任者研修の同期の先生方が参観していました。教室はいつにもない緊張感に包まれていました。

私は、この授業の中で授業のねらいとは別に、Ａさんのことを位置付けていました。これまで、参観日などたくさんの人に見られる場で発表をしたことはありませんでした。今回たくさんの先生方が見に来られているこの場で発言をすることが、彼女にとって大きな自信になるのではないかと考えました。

授業が始まりました。私も緊張をしていて、授業が始まったときにＡ

さんがどんな表情をしていたのかは覚えていません。Aさんは一度も自分の考えを伝えないまま授業の終盤、保護者からの手紙を読んで自分の思いを語る場面になりました。

すると、Aさんが手をピンっと挙げているのが目に入りました。顔を上げしっかりと私の目を見ているのです。私は、それを見て思わずグッとくるものがありました。研究授業でしたが、私は一旦授業を止めてこう言いました。

> ちょっといいですか。見てください。Aさんが堂々と手を挙げています。先生は、今思わず涙が出そうになりました。Aさんは3年生が始まった頃、なかなか手を挙げて発表をすることができませんでしたよね。発表しても声が小さくて自信のなさそうな様子でした。けどね、実は成長ノートにはいつも大きな声で発表したいという思いや、みんなのいいところをたくさん書いてきてくれていたのです。そんな素直に成長をしたいと思っているAさんが大勢の先生方に見られている場で手を挙げています。温かい拍手を贈って、Aさんの考えを聞いてみましょう。はい、拍手。

Aさんは、みんなからの温かい拍手をもらってから自分の考えを発表しました。声は小さかったですが、周りの友達は静かにAさんの考えに耳を澄ませていました。発表をし終わると、自然と教室は温かい拍手で包まれていました。

その日をきっかけにAさんは、授業中少しずつ手を挙げて発表するようになりました。その変化に、1週間に1度指導してくださる初任者研

修指導の先生も驚いていました。Aさんの姿から、認められることが人に自信をもたせるのだということを学びました。

4.「ほめ言葉のシャワー」で一人ひとりに握手するAさん

「ほめ言葉のシャワー」の4巡目でAさんが主人公になったときのことです。Aさんは、その数日前に左手の指を骨折していました。その指には、包帯が巻かれています。その頃学級では、主人公がほめ言葉を発表する友達のもとに近づいていき、一人ひとりにお礼の握手をしていました。Aさんも同じように、友達の前に近づいて、ほめ言葉を聞いていました。私は眺めていて、2つのことに驚きました。

1つ目は、Aさんの視線です。友達一人ひとりの目を優しい瞳でじっと見つめて、聴いているのです。一人ひとりの言葉を大切に噛みしめているようでした。自信がなく、私や友達と話すときも、自信なさげに視線が落ちていたAさんの心の変化を感じることができたように思います。

2つ目は、握手です。Aさんは、左手の指を骨折しています。握手をするのなら右手1本でいいはずです。しかし、Aさんは何と友達と右手でしっかりと握り合い、骨折した左手を相手の右手に添えているのです。包帯が巻かれた手で、一人ひとりに丁寧にお礼を言い、握手を交わしていました。その姿を見て、Aさんの人柄に胸を打たれました。また、Aさんは、骨折した左手を添えたくなるぐらい一人ひとりのほめ言葉が嬉しいのだろうなと思いました。

この「ほめ言葉のシャワー」を通して、Aさんの変容を感じることができました。

5. Aさんの変容が学級を変える！！

3年生の3学期のある日のこ

とです。授業中にAさんが発表する場面がありました。いつものようにAさんが発表をしました。すると、ある男の子がぼそりと、
「そういえば、Aさんにもう一度言ってくださいって言わなくなったな」
とつぶやきました。その言葉を聞いた、近くの席の子どもたちも口々にAさんの変容に気が付き、「すごい！」と言っています。そして、教室は自然と拍手に包まれていました。この拍手は、みんながAさんの変容を認めた瞬間でもありました。4月当初は、
「もう一度言ってください」
と冷たい言葉を浴びせていた子どもたちが、こうしてAさんの変容を認められたという事実は、やはり「ほめ言葉のシャワー」を通して培ってきた他を認める力があったからだと考えます。このAさんの変容によって、自分たちの学級に対する自信のようなものが生まれたのかも知れません。3学期は、さらに成長が加速していったように感じます。個の変容が集団の変容を生み出すのだとAさんの変容から学びました。教師が、成長しているよと伝えるよりも、こうして子どもたちが個の変容に気付き、それを学級全体で共有した方が、より学級に大きな影響をもたらすのではないかと考えます。「個が変われば集団が変わる、集団が変われば個が変わる」－菊池先生に教えていただいた言葉です。まさに、Aさんの変容が集団を動かし、また集団の温かい雰囲気がAさんに勇気を与えてくれたように思います。

6.「ほめ言葉のシャワー」のレベルアップ

　この年の3年生は、1年間で全5巡の「ほめ言葉のシャワー」をしました。1巡するごとに、子どもたちは、「『ほめ言葉のシャワー』をよくするために」というテーマで話し合いを行い、よりよいものにしていこうとしました。1巡目後の話し合いでは、「握手をする」「ほめ言葉を言ってくれている友達の近くに行ってほめ言葉を聞く」といった非言語の部分や態度面に着目した意見が大半を占めていました。さらに、2巡3

第4章 教室の数だけ「ほめ言葉のシャワー」はある

巡と進めていくと、だんだんほめ言葉の内容に変化がみられるようになってきました。主人公の友達のよさを細部にこだわってほめるようになってきたのです。例えば、

> 今日の国語の時間に自由起立発表で意見を言っていたときのことです。Bくんは、一度立って発表をしようとしましたよね。けれど、その時にCさんも一緒に立って発表がかぶりそうになったので、Bくんは、静かに席に着きました。周りのことをよく見て、ゆずり合いができる思いやりのある人ですね。

のように、細部にこだわって主人公の友達のことをよく観察をしているのです。内容面での変化は大きく次の2つのことが関係しているのではないかと考えています。

1つ目は、観察力が磨かれて、ほめ言葉の中に自分らしさが出てきたことです。「コミュニケーション力で未来を拓く これからの教育観を語る」(中村堂)で菊池先生と対談をされているコーチングの第一人者の本間正人先生が、別のご著書の中で「ほめること」についてこう言われています。

> 「ほめ上手」の最大のポイントは「観察力」。
> 　私は「観察力八割」と言っていますが、相手の強み、長所、美点、進歩、成長を見逃さない観察力が、「ほめる」うえでの最大のファクターなのです。
> 「相手をその気にさせる『ほめ方』やる気にさせる『しかり方』」（ロングセラーズ）

　本間先生の言葉にもあるように、相手をほめるには観察力が重要なポイントだと考えます。一人ひとり観察をするポイントは違います。全く同じ見方をするということはほとんどないと思います。観察力が磨かれるほど、ほめ言葉の中に自分らしさが出てくると考えています。

　2つ目は、言葉が豊かになったということです。「言葉は実体験を求める」「言葉を植林しよう」－菊池先生がよく言われるドリアン助川さんの言葉です。1学期から、価値語をはじめ、プラスの言葉をたくさん伝え、子どもたちも少しずつそういったプラスの言葉を使うようになりました。日々、価値ある言葉を植林し続けたことで、菊池先生の言われるように「言葉が豊か」になってきたのだと思います。そして、言葉が豊かにあるということは、学級の雰囲気にも大きく影響をしているのだと実感しました。

　このように、1年間継続していく中で、その学級独自の「ほめ言葉のシャワー」のスタイルができあがっていきます。以前、菊池先生がこんなことをおっしゃっていました。

> 「担任の先生や子どもたち一人ひとりも違うんだから、それぞれのやり方で『ほめ言葉のシャワー』をするのはいい。だけど、『ほめ言葉のシャワー』で何を目指すのかというところはもっておかなければいけない」

 この言葉を聞いて、改めて自分の実践を見つめ直すようになりました。そして、形にとらわれず、育てたい子どもたちの姿を中心にして実践に取り組むようになりました。「ほめ言葉のシャワー」をレベルアップさせる時にも、目指すべき姿をぶらさずに、その実現に向けて取り組む必要があると感じました。

7.「ほめ言葉のシャワー」の感想

 1年間「ほめ言葉のシャワー」を続けてきて、学級の雰囲気が変わったと自信をもって言うことができます。学級は、友達の意見に対して「いいね」という温かい言葉を言ったり、授業中や休み時間に自然に拍手が起こったりと、温かく柔らかい雰囲気になりました。また、すぐにトラブルを起こしていた男の子が、友達に寄り添って学び合いをしたり、友達の輪の中には入れず孤立していた女の子が友達の輪に入って楽しそうに遊んだりと、子どもたちの個の変容もみられました。「ほめ言葉のシャワー」を1年間続ける中で、子どもたちは成長するのだと、改めて感じることができました。

 1年間「ほめ言葉のシャワー」をしてきた子どもたちの感想を紹介します。

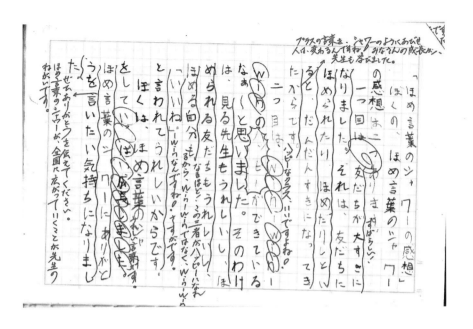

「『ほめ言葉のシャワー』の感想」

　ぼくの、「ほめ言葉のシャワー」の感想は2つあります。

　1つ目は、友だちが大すきになりました。それは、友だちにほめられたり、ほめたりしていると、だんだんすきになってきたからです。

　2つ目は、Win － Win － Win のハッピーができているなと思いました。そのわけは、見る先生もうれしいし、ほめられる友だちもうれしいし、ほめる自分も「いいね」と言われてうれしいからです。

　ぼくは、「ほめ言葉のシャワー」をしていっぱい成長しました。「ほめ言葉のシャワー」にありがとうを言いたい気持ちになりました。

第4章 教室の数だけ「ほめ言葉のシャワー」はある

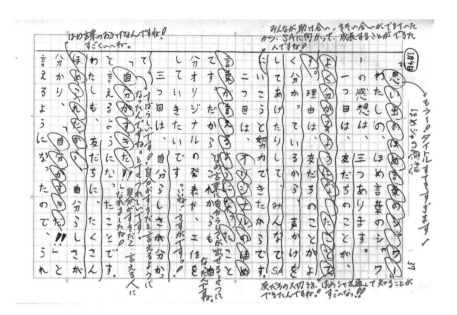

「思い出の『ほめ言葉のシャワー』」

　わたしの「ほめ言葉のシャワー」の感想は３つあります。

　１つ目は、友だちのことがよく分かるようになったことです。理由は、友だちのことがよく分かっているから、声かけをしてあげたりして、みんなでＳＡにいこうと努力できたからです。

　２つ目は、オリジナルのほめ言葉が言えるようになったことです。だから、これからも自分オリジナルの発表や、工作をしていきたいです。

　３つ目は、自分らしさが分かって、「自分が好きだ！！」と言えるようになったことです。わたしも、友だちにたくさんほめられたから、自分らしさが分かり、「自分が好きだ！！」と言えるようになったのでうれしいです。

この2人は感想の中で、「自分が好きだ」と思えるようになったと書いてあります。この言葉から、「ほめ言葉のシャワー」を通して、学級内の雰囲気が自己開示できるほど温かく居心地のよい場所になっていたのではないかと考えました。
「自信が人を伸ばす」－菊池先生の言葉です。これからも子どもたち一人ひとりが輝けるような温かい学級をつくっていけるよう、日々子どもたちと向き合っていきたいと思います。

第4章 教室の数だけ「ほめ言葉のシャワー」はある

「ほめ言葉のシャワー」をクラスの軸に

広島県広島市立山田小学校　赤木真美

①「ほめ言葉のシャワー」で子どもを育てる

○子どもたちとの「ほめ言葉のシャワー」

　この3年間、4年生の担任をさせていただきました。振り返って思うことは、同じ発達段階であっても、子どもたちが変われば、「ほめ言葉のシャワー」も違うということです。そこに存在する一人ひとりの子どもたちによって、作り出す雰囲気もクラスが成長していく過程も全く違いました。だからこそ、何のために「ほめ言葉のシャワー」を行うのか、目指したいものを明確にすることが大切だと感じています。

○「ほめ言葉のシャワー」で育てたいもの
・クラスのために行動できる子どもに

　「ほめ言葉のシャワー」を行うと必然的に子ども同士の関わり合いが生まれます。友達に認められることは、一人ひとりの安心感に、また教室全体の安心感につながっていきます。

　学生時代に学んだ、倉田侃司先生から、「『先生が好き、友達が好き、そこにいる自分が好き』そんな教室を目指しなさい」とご指導いただき、ずっと教室のイメージとして私の心の中にありました。菊池実践と出会い、この実践こそ、このような教室をつくっていけるものだと思いました。

　「そこにいる自分が好き」は、特に大切な部分だと考えています。

　「ほめ言葉のシャワー」での友達からの言葉は、風船に息を吹き込むように子どもたちの心に入っていきます。特に自信のない子や、いろいろ

なことがなかなかうまくいかなかった子どもは敏感に反応するように感じます。自分の心の風船が満たされたとき、子どもたちは自分を、また所属する自分のクラスを本当に好きだと思えるでしょう。

「ほめ言葉のシャワー」を始めると、子どもたちの行動は前向きなものに変わっていきます。そして、その矢印は「自分」ではなく、「友達」や「クラス全体」であることが多いです。

「クラスのために行動する」「友達のために動ける」―このような子どもを育てていきたいと考えます。見返りなしに、他者のために動けるということは、最高の「相手軸」だと考えるからです。

・「言葉」で表現できる子どもに

2年前、菊池省三先生が勤務校で「心の参観日」という道徳の授業をしてくださいました。その際、なぜご自分が子どもたちにコミュニケーションを教えているのかというお話をされました。子どもたちによる不幸な事件のニュースを耳にするたび、相手のことを考え、自分の思いを正しく伝えられる力があったらこのようなことにはならなかったのではと胸を痛めている。だから、子どもたちに生きていく手段としてコミュニケーションの方法を教えているのだと話されました。

「ほめ言葉のシャワー」では、即興の力が試されます。友達の行動を振り返って思考し、どんな言葉がふさわしいのかを判断し、表現するということは、実にレベルの高いことです。しかし、継続することでどの子

もできるようになります。「言葉」で自分の思いを表現する力は、日々の生活にも生きてきます。

ある子が、自己実現に関するアンケートの中で、
「私は以前は友達とケンカをしたら、先生に言いに行っていたけど、今は自分の言葉で仲直りできるようになった」
と書いていました。小さなことですが、この子にとっては大きな成長であったと思います。

②ほめ言葉のシャワー　個の確立した集団を育てる

○　柚杏さんのコメントから

「ほめ言葉のシャワー」では、最後にその日の主役がクラスの子どもたちに向けてコメントを言います。そのほとんどが、嬉しかった気持ちやお礼の言葉でした。そんな中で、柚杏さんという女の子のコメントは、ほかの子どもたちとは少し違っていました。

> 「今日の『ほめ言葉のシャワー』では、〜さんと〜さんは四字熟語を使っていました。〜さんと〜さんは笑顔で言ってくれました。見習いたいと思います」（ほぼ全員に対して、メモに記録しながら一人ひとりにコメントを伝えていました）
>
> 「みんなの中には、早く帰りたいと考えている人もいるかもしれませんが、小学校のこの時しか『ほめ言葉のシャワー』をすることはできません。このことを感謝して、『ほめ言葉のシャワー』をしてほしいと思います」

○クラスのために行動する　〜「ほめ言葉のシャワー」の秘訣〜

この年は、クラスの目標「ありがとうといわれる23人の学級」を発

展させ、4年生発信で各学年との交流を企画しました。クラス目標を意識した場の設定が、子どもたちのさらなる成長につながると考えたからです。

6年生担当の班は「ほめ言葉のシャワーの秘訣」と題して、同じく「菊池実践」をされている6年生の教室を訪ねる企画を考えました。自分たちの「ほめ言葉のシャワー」のレベルを上げるために、6年生から学ぼうと考えたのです。この班の中心となっていたのは、柚杏さんでした。

柚杏さん自身が、「ほめ言葉のシャワー」によって友達に認められる嬉しさを感じていたからこそ、クラスのみんなにもっと成長してほしいと企画したのだと思います。普段のコメントも含めて、とても頼もしく感じました。

6年生は4年生へ、4年生は6年生へと「ほめ言葉のシャワー」を贈りました。緊張感のある中にも、温かい時間が流れました。6年生からのほめ言葉から出てくる、豊かな言葉、視線、笑顔は4年生にとって大きな学びになりました。そして何よりも最高学年である6年生から温かい言葉をかけてもらえたことに、子どもたちは心から嬉しいと感じた様子でした。

4年生がいちばん学んだことは、6年生のラベリングの力でした。全員の発言が重ならず、違う言葉を使っていたことに子どもたちは驚いて

いました。「価値語」はもちろん、その子オリジナルの言葉がどんどん飛び出すことに、素直に憧れの気持ちを抱いた様子でした。

③「ほめ言葉のシャワー」による子どもたちの変容

○言葉を楽しんで

4年生の後半になって、「ほめ言葉のシャワー」はとても面白いものに変わっていきました。子どもたちは積極的に、価値語・ことわざ・慣用句・四字熟語を使うようになりました。また、オリジナルの言葉でラベリングをするようにもなりました。同じ人の同じ行動に対して言葉を贈るのに、表現の仕方は全く違っているところに子どもたちの成長を感じました。

○「価値語づくり」ワーク

後半では、「価値語づくり」に取り組みました。
「価値語」は、年度の初めは教師からの提示がほとんどです。次第に「ほめ言葉のシャワー」で出てきた言葉を「価値語」として取り入れたり、教師が子どもたちの行動を価値付けたりして、「価値語」を増やしてきました。その時点では、どちらかといえば、教師主体の「価値語」だったのです。「ほめ言葉のシャワー」の中で、豊かな言葉で表現できるようになってきた今、ストレートに「価値語」をつくってみたら面白いのではという、ワクワクした気持ちから始めた取り組みでした。

子どもたちは、この活動がとても好きでした。

「価値語づくり」
- 個人で価値語とその意味をノートに書く。
- 班の中で話し合い、みんながよいと思うものを一つ決める。
- 全体で交流してクラスの中でよいものを一つ決める。

- Iくん　限界は無限大
- Kさん　軸力
- Mくん　雑草を頭に入れよう力
- Tくん　花のように美しい人
- Nくん　一等星力
- Hくん　お米力

　この日に各班から出てきた「価値語」です。この言葉一つひとつに、子どもたちの背景があります。
「軸力」　生きるために軸をしっかりもつという意味で、軸がしっかりしていなければ外面だけが成長して、内面の成長にはならないという理由から考えたそうです。ずっとクラスを引っ張ってきたKさんらしい言葉です。
「花のように美しい人」　何事も素直に受け止めることが大切だという意味です。これを言ったTくんは、その日の朝、ほかの学年とのトラブルで叱られ、そのことをしっかり受け止めていたからこそこのような言葉が出てきたのでしょう。
「一等星力」　みんなが同じところに留まるのではなく、自分がみんなを引き上げていくという意識をもった一等星のような人がこのクラスに

は必要だという意味です。2・6・2の法則を理解しているからこその価値語です。また、Nくんは兄弟で星を見るのが好きなお子さんでした。
　この取り組みの面白さは、言葉から子どもたちの内面にあるものが見えてくるということです。「価値語」の中に、それまでの経験、人との関わり、教師の伝えた言葉、そのようなものが自然と表れてきます。
　こうしてできた「価値語」は、「ほめ言葉のシャワー」の中でも、子どもたちは喜んで使っていました。
「〇〇さんは、どうしてこの『価値語』をつくったのだと思う？」
　子どもたちに、このような投げかけをするとよいことを本間正人先生にご指導いただきました。出てきた価値語の背景をクラスで話し合うことが、より深い他者理解につながっていくのだと教えてくださいました。
　教師の理解に留めるのではなく、子どもたちに返していく、このような視点の大切さに気付かせていただきました。

○「ほめ言葉のシャワー」をクラスの軸に

　柚杏さんたちが企画した「ほめ言葉のシャワーの秘訣」も「価値語づくり」ワークでの根拠をもった価値語も、子どもたちのもつ力の素晴らしさにただ驚くばかりです。
　子どもたち自ら「ほめ言葉のシャワー」をレベルアップさせようと、主体的に動いたことは担任としては大きな喜びでした。まさに、クラス全体のことを考えた行動でした。
　また、子どもたちが作った「価値語」に、10歳としての「生き方」が表れていることに感動します。「ほめ言葉のシャワー」での日々の積み重ねがあったからこそ、一人ひとりが自分に向き合い、真っ直ぐな言葉が言えたのだ思います。
「ほめ言葉のシャワー」を軸に、これからも、子どもたちがその子らしく伸びていける教室を、笑顔のあふれる教室を目指していきたいと思います。

教室の数だけ
「ほめ言葉のシャワー」はある

価値語を軸とした「ほめ言葉のシャワー」の取り組み

広島県広島市立山田小学校　重谷由美

■「ほめ言葉のシャワー」で子どもを育てる

『握手をしたくない子ども』『自画像を描きたくない子ども』『自己効力感の低い子ども』たちとの出会い

　菊池先生のご実践に出会って4年目となりました。
　年度初めにこんなことがありました。
「先生、『ほめ言葉のシャワー』って握手するんですか？私したくないんです」
　また同じ児童が、
「次の図工って自画像を描くんですか？私、描きたくないんです」
　衝撃でした。
　しかし、必ず理由があると思い、話を聞いてみました。すると、どちらも学級の中で笑われた経験があるからだということでした。毎日毎日過ごす学級での嘲笑ともいえる出来事に傷つき、自信を失い、人とつながることを恐れているのだなと感じました。
　また、これらは、学級全体の傾向でもありました。
　広島県では、毎年小学5年生と中学2年生を対象に「基礎・基本定着状況調査」が行われています。教科の調査以外に、「児童・生徒の生活と学習に関する意識や実態の調査」も行われます。
　その「児童・生徒の生活と学習に関する意識や実態の調査」の中に、児童の生活習慣や学習習慣、思考力などをたずねる問いとともに、「自己効力感」をはかる問いがあります。「自分にはよいところがありますか」

と「自分のよさは、まわりの人から認められていると思いますか」などの問いです。

それらの問いに対して、約２割の児童が「あまりあてはまらない」「まったくあてはまらない」と回答しました。

これらの「事実」から、「一人ひとりの自信」と「個と個のつながり」を高めていくことが、私の役目だと強く感じました。

そこで、『菊池実践』をしっかりと行っていこうと決心しました。それまで、『菊池実践』を学び「子どもたちの成長」を実感していたからです。

以下の取り組みを学級経営の主な柱としました。

> 1　子どもたち同士の「横糸」を紡ぐ
> 　…「ほめ言葉のシャワー」「価値語」「質問タイム」など
> 2　教師と子どもたちとの「縦糸」を紡ぐ
> 　…「ほめ言葉のシャワー」「価値語」「成長ノート」など
> 3　学級全体の「縦糸」と「横糸」を紡ぐ
> 　…「ほめ言葉のシャワー」「価値語」「係活動」など

「ほめ言葉のシャワー」「価値語」「係活動」「質問タイム」は、「菊池省三が考える『授業観』試案」(「白熱する教室」創刊号から各号　中村堂)に示してあるように、「教師と子どもが創る自信と安心感のある学級」をつくるための大きな学級土台となります。

中でも「ほめ言葉のシャワー」は、菊池省三先生がおっしゃるように、学級土台や教科・領域の土台を大きく築きあげていくものだと考えます。

ですから「ほめ言葉のシャワー」を学級経営の大きな柱にしようと考えました。

■「ほめ言葉のシャワー」で個の確立した集団を育てる
〜「価値語を軸とした『ほめ言葉のシャワー』」〜

「どうしたらブレない子どもに育ちますか？」
　この質問は、初めて菊池先生にお会いした頃にしたものです。今思うと顔から火が出そうなくらいぶしつけで、自分の実践の至らなさを感じるものです。
　しかし、菊池先生はこのように教えてくださいました。
「心に響くような指導が大切なのかなと思います。例えば、『ほめ言葉のシャワー』にしても、子どもたちは、手垢のついたような言葉ではなく、その主役のために心に残るような言葉＝価値語なり、エピソードを入れて一生懸命に伝えますよね。だからブレないのでしょうね。価値語は大切ですよ」
　鮮烈なお言葉でした。そして「価値語を軸とした『ほめ言葉のシャワー』」を大切にしていこうと考えました。
「『価値語』は、学級・集団が共有する文化」と菊池先生が書いておられるように（「価値語100ハンドブック」菊池省三・本間正人・菊池道場　中村堂）、価値語は、学級の宝物となります。なぜなら、一つひとつの価値語に「学級の歴史」が刻まれるからです。「価値語モデルのシャワー」として教室に掲示される１枚１枚の写真には、「学級のストーリー」があるからです。
　だから「ほめ言葉のシャワー」でも価値語を使ったほめ言葉は、特に子どもたちの心に響き、残っていくのでしょう。それらが積み重なってその人の心の芯となり、「個の確立した集団」となっていくのだと思います。

■価値語を軸とした「ほめ言葉のシャワー」

1　言葉のインプット

「価値語を軸とした『ほめ言葉のシャワー』」といってもいきなり初めからというのは難しいですよね。

まずは、耕しから始めたらいいと思います。

私のクラスでは、「価値語モデルのシャワー」と「辞書を使った学習」を特に大切にしています。

まず、「価値語モデルのシャワー」の取り組みでは、日常の中から価値ある行動の写真を撮っていきます。

具体的な事実（主に写真）とともに価値付けしていきます。これは「言葉のインプット」と同時に、美点凝視の具体を伝えるという意味もあります。

1枚目は、校舎3階まで上がってきただんごむしを見つけて、グラウンドへ放しに行く途中の写真です。（『小さな命救出作戦』）

また、2枚目は、校区の畑にさつまいもを植えるために畝づくりをしている写真です。鍬の数は限られていますし、移植ごてよりもこの方法がいいと思ったのでしょう。足を踏

ん張り、両手でふんわりと土をかけて畝づくりをしています。(『道具にたよらない力』)

　3枚目は、一生懸命にプール掃除をしている写真です。この女の子は、「一人が美しい」で、汚れた水に両足と左手をつけ、プールを一心に磨いています。(『プールも磨き心も磨く力』)

　こうした具体的な写真から価値語を伝えていきます。

　これらの写真は色画用紙に貼っていきます。

　教室に掲示することで子どもたちは繰り返し見ることができます。また、写真なので、一瞬を切り取った写真から「表情」やその時は気付かなかった「非言語」の部分に次第に気付くようになります。

　こうした環境の中で次第に子どもたちは、価値語を「ほめ言葉のシャワー」の中でも使うようになります。

　5月頃には、
「○○くんは、『笑顔のふりかけ力』がある人です。ごはんにふりかけをかけると、とてもうれしくなりますよね。○○くんは、いつも笑顔でどの人にも接しています。○○くんの笑顔は、周りの人をとてもうれしくさせます」
　のような感じになります。

　また「辞書を使った学習」も役立つと思います。4月にお便りや懇談会で保護者に、ラベリング力の向上のために『国語辞典』だけでなく『ことわざ辞典』や『四字熟語辞典』などの辞典を可能な範囲で用意していただくようにお願いします。100円ショップのものの中にもいいものがたくさんあると思います。子どもたちに「すぐに言葉の意味が調べられる環境」「自分の思いにぴったりな言葉を探せる環境」を整えておくことを大切にしています。

　そのような環境の中で、国語科だけでなくあらゆる教科の時間に、すぐ辞書を引き言葉を大切にする習慣を身に付けていきます。

　すると、

「〇〇くんは『浅き川も深く渡る人』です。漢字の学習で、『空書き【を】しましょう』と【を】を入れて、丁寧に言っていたからです」

というようにことわざを入れる子どもも出てきます。

こうして、「言葉のインプット」を大切にしていきます。

2　言葉のアウトプット

本間正人先生は前述の「価値語100ハンドブック」の中で、「ボキャブラリーを豊かにするには、アウトプットが大切だ」と書いておられます。子どもたちは、会話や作文の中で実際に言葉を使いながら「アクティブボキャブラリー」を増やしていくのだそうです。

価値語を軸とした学級経営をしていると、次第に子どもたちの会話に価値語が使われるようになります。畑の作業前に、

「Y語で頑張ろうね！」

と子ども同士で会話していたり、『礼儀力』と『出る声を出す声に！！』と手に書いてその日の目標にしたりしている姿を目にするようになるのです。

授業の中でも自由に対話が始まります。これもアウトプットの一つだと思います。

さらに、子どもたちが自由に使っていい黒板のスペース（みんなの広場）に、価値語の目標が書かれたり、みんなに呼び掛ける言葉が書いてあ

ったりするようにもなります。

　また、徐々に価値語が浸透してきたらこのようなこともします。

『価値語』の白い黒板です。右は、1枚の写真から読み取った価値語をどんどん書いていっている様子です。

　また、このような宿題を出すこともあります。「価値語宿題」です。アトランダムに写真を一人一枚ずつ配ります。2分間くらいで写真に関係している人にインタビューに行きます。

「この行動はどんな気持ちでしたのですか？」

「この時の目の表情はとても真剣ですけど、どうしてですか？」

　などです。そして宿題として家で価値語を考えてくるのです。子どもたちはこの宿題が大好きです。この宿題が出ると、歓声があがるほどです。

　こうした自由度の高い学級文化の中で、子どもたちは自然に「ほめ言葉のシャワー」の中に価値語を入れて言葉を伝えていきます。

「『価値語』は、学級・集団が共有する文化」の言葉のとおり、価値語が増えるにつれて、このクラスだけの宝物がどんどん増えていく感覚です。「価値語を軸とした『ほめ言葉のシャワー』」もどんどん極微を価値付けて言葉を贈るようになります。

「給食後のごちそうさまを言う時に、給食室の方を向いて言っていました。『体ごとお礼を言える人』です」

「○○くんは、黒板を縦に消して次に横に消してを繰り返して、とてもきれいにしていました。『ベストを超える気持ち』がある人です」
「○○くんは、ぼくがホワイトボードの字が消えてどうしようって思っていた時に、『間』を開けずに『大丈夫！一緒にまた考えよう』と言ってくれました。『迷いなく人を支える人』です」

　自分だけへの特別な言葉を贈られた子どもたちは、心に響くからでしょう、写真のように男女関係なく自然に固い握手をするようにもなります。本当に子どもらしい自然な姿です。

■「ほめ言葉のシャワー」による子どもの変容

　自分に自信がなく友達とつながることにも抵抗があったり、自己効力感が低かったりした子どもたちも徐々に変容していきます。
　一人ひとりが『個』を確立していくのだと思います。『ぼくのよさは、エンドロールを大切にできるところ』『私のよさは、アクセルとブレーキを踏み分けられるところ』など自分のよさを明確にもてるようになります。
　前述の握手が苦手だった子どもも、『ほめ言葉のシャワー』を毎日誰よりも主役の人のために、たくさんのエピソードとそれらを表す価値語を、心を込めて用意するようになりました。自分の時には「無茶ぶりを入れたい」と言いにくるほどでした。また、友達から価値付けメッセージを書いてもらった宿題プリントに、日付と相手の名前を入れて大切に持っているようにもなりました。人とつながることを目的としたクイズ大会やミニ運動会などの学級イベントを企画するほど、大きく変容しました。
「自己効力感」の低かった２割の子どもたちは、年度末に再び「自分にはよいところがありますか」と「自分のよさは、まわりの人から認められていると思いますか」の質問に、全員が「よくあてはまる」または「あ

てはまる」と回答しました。

　また、『個』を確立した子どもたちは、学級で話し合いたいことが起こったら、『自分たちで』解決をするようになっていきました。

　専科の時間に気が緩んだ人がいたことから学級憲法をつくったこともありました。

　つまり「ほめ言葉のシャワー」の実践を行うことで、「けん制し合える」個や学級が育っていくのだと思います。「ほめ言葉のシャワー」は、一人ひとりが自信を持ち、個と個がつながり合い、集団の中でも自分らしさを発揮できるようになる素晴らしい取り組みです。

　成長ノートに「自分にとって価値語とは」をテーマにしたときに、ある児童がこのように書いていました。

「価値語は、自分の人生の景色に色を入れるものです。価値語が増えるたびに、自分の人生に色が加わります。そして、その色は自分の人生を支えてくれます」

　価値語を軸とした「ほめ言葉のシャワー」は、言葉を贈られた人の人生を、明るく輝やかせ支えるものだと思います。

「自分の生きる人生を愛せ。自分の人生を生きろ」
－そんなボブ・マーリーの言葉がぴったりの子どもたちに育っていきますように。

第4章 教室の数だけ「ほめ言葉のシャワー」はある

子どもたちがつながり、笑顔輝く学級づくり～「ほめ言葉のシャワー」を土台として～

兵庫県西宮市立南甲子園小学校　南山拓也

■どんな子どもを育てたいのか

　これまでに受け持った学級の子どもたちに共通する課題点の一つが「自己肯定感の低さ」です。何をするにも、周りの目や評価を気にする傾向がありました。例えば、「失敗したくない」、「目立ちたくない」といった姿です。行動面では、独りになることを異常に嫌うところがありました。常に群れで生活することで、安心を感じていました。そういった群れでは、きつい言葉や汚い言葉があふれていました。語彙の少なさも原因となり、トラブルが頻発しました。自分の気に入らないものは許さないといった、相手意識の低い関係性が見られました。

　このような実態から、私は、「自己肯定感を高め、自分の良さを発揮できる子どもたちに育てたい」、「温かい子ども同士の関係性を築いていきたい」と考え、「ほめ言葉のシャワー」を土台として、学級づくりに取り組んできました。

■「ほめ言葉のシャワー」を通して子どもを育てる

　コーチングの第一人者である本間正人氏は、菊池省三氏との共著「コミュニケーション力で未来を拓く これからの教育観を語る」（中村堂）

の中で、次のように述べています。

> 「ほめ言葉のシャワー」は、自己肯定感を高めるという点において、私が知っている限り、最良の取り組みだと思っています。ほめられて嬉しい、それによって自己肯定感が高まるというのはいちばん分かりやすいことですが、ほめた方の自己肯定感も高まります。自分は、人の良いところを見ることができる人だということを確認し、ほめた人から、ありがとうと言われる。これを繰り返せば、自己肯定感は高まります。構造自体が自己肯定感を高めることになっています。

　子どもたちの自己肯定感を高めるには、「自分が必要とされているのだ」と感じられることが大切です。まずは教師自身が、子どもたちの良さを認め、ほめる姿を率先して示すことを心がけるようにしました。
　5・6年生の時に担任したAさんは、責任感が強く、こつこつと自分や人のことにも、最後まで責任をもって取り組むことができる子でした。Aさんは、「ほめ言葉のシャワー」に積極的に参加しました。毎日、友達の頑張る姿を見つけ、伝えていました。「ほめ言葉のシャワー」を通して、どんどん自信をつけていき、人前に立って活躍するようになっていきました。
　そんなAさんが、市内の中学生弁論大会で銀賞を受賞することができました。彼女は、弁論大会で、次のようなことを主張しました。

> 　幼いころから人一倍臆病だった私は、学校の先生に「二人組をつくりなさい。」と言われるたび、気持ちが沈んでいました。それは、相手に受け入れてもらえるだろうかと怯え、声をかけることができなかったからです。友だちに対しても自分の気持ちをうまく伝えることができず、「私は人づきあいが苦手なんだ。」と思い込むように

なりました。そうして悩んでいるうちに、自分の悪いところばかりに目が行くようになり、「私に良いところなんてない。」と思うようになりました。そんな風に後ろ向きな自分が嫌で、「こんな自分を変えたい。」という思いが強くなっていったのです。

　小学５年生の時、そんな私に一筋の光が差しました。それは一人の先生との出会いです。その先生は、厳しい、怖いなどと言われていましたが、私は、厳しく叱るのはその人のことを思うからこそだと気づきました。先生なら私の思いを受け止めてくれる気がして、思い切って「自分を変えたいんです。」と打ち明けました。先生も私の気持ちを受け止めてくれ、真剣に私の話を聞いてもらいました。

　ある日、先生がこんな言葉をかけてくれました。
「あなたは、一つひとつに努力し、改善し、力をつけることをします。それがあなたの良さです。」

　今まで自分に自信のなかった私は、この言葉にどれだけ元気づけられたことでしょう。この時初めて「私にも良いところがあるんだ。」と気づくことができたのです。そして、「もっともっと成長したい。」と思うようになりました。

　誰にでも良いところは必ずあります。みなさんにも自分の良さに気づいてほしいのです。自分の良さに気づくと、何事にも前向きになれます。自分のことを好きになれます。「もっともっと成長したい。」とう向上心が生まれます。きっと、私のように誰かに教えてもらって初めて自分の良さに気づく人も多いのではないでしょうか。だから、今度は私が「自分に良いところなんてない。」そう思っている人の力になりたいのです。私の将来の夢は教師です。私が教えてもらったように、生徒に教えてあげたいのです。
「これが、あなたのよさです。」と。

　「ほめ言葉のシャワー」をとおして、「ほめて、ほめられて」という経

験を積み重ね、自己肯定感を高めることができるのだと、Aさんの姿から学ぶことができました。

■互いを認め合う「観察力」を育てる

「ほめること」とは、「事実に基づいて相手の優れているところを見つけ、認め、言葉で伝えるということ」だと考えます。「ほめ言葉のシャワー」で事実に価値付けをしてほめ合うことで、信頼関係を結び、温かい人間関係を構築していくのです。

本間正人氏は、著書「相手をその気にさせる『ほめ方』やる気にさせる『しかり方』」（ロングセラーズ）の中で、「観察力」について、次のように述べています。

> 「ほめ上手」の最大のポイントは、「観察力」。
> 　私は「観察力八割」と言っていますが、相手の強み、長所、美点、進歩、成長を見逃さない観察力が、「ほめる」うえでの最大のファクターなのです。自分を基準に考えるのではなく、相手の立場に立って、どこを認めてもらえるとうれしいのか、エネルギーレベルが上がるのかを見定めて伝えるのです。

右の図は、自分の在り方がいかに相手の成長を助けるかを示す「ジョハリの窓」です。「ほめ言葉のシャワー」を通して、本人が気づいていないその人の良さを見つけ、伝えることで「盲点の窓」を開くことができると考えます。そして、互いの力で「開放の窓」をいかに開いていく

ジョハリの窓

	自分○	自分×
相手○	開放の窓 自己開示 公開された自己	盲点の窓 ほめ言葉のシャワー 自分は気が付いていないものの、他人からは見られている自己
相手×	秘密の窓 質問タイム 隠された自己	未知の窓 進化⇒深化⇒真価 誰からもまだ知られていない自己

のかが成長につながるのです。

6年生で1年間担任をしたBさんは、学級のために身を粉にしながら一生懸命頑張る子でした。「どうすれば、クラスが良くなるのか」について、いつも考え、行動していました。彼女は、「ほめ言葉のシャワー」の主役（ほめられる立場）になった時に、逆にほめる立場の人をほめるようにしていました。友達一人ひとりの良さを細かく見つけ、全員に笑顔で伝える姿がありました。その真意について、Bさんの「成長ノート」には、次のようなことが書いてありました。

12/15（火）「Bさんの全員に対するほめ言葉」

　私がほめ言葉で先にみんなをほめる理由を書きます。

　私は、みんなに言うのは、ほめてもらうから、先にほめ返そうと前に考えたからです。思いついたのは、友だちのほめ言葉で主役の子が、

「ありがとうございます」

と返した瞬間でした。それを見て、「あ、これだ！」と思いました。お礼だけでなく、ほめて返すのはどうかな？と。最初は、何か、みんなやってないし…と否定的だったのですが、みんながやっていないから、新しくできるんだと思い、授業中や休み時間、付き合い方など、普段なら気づかないようなところで探し出して、身近なところからほめることに決めました。

　昨日、いつもよりすごく緊張していたような気がします。でも、終わった後の、「全員をほめられた！」という達成感は最高です。

　先手を取って、みんなをほめることで、他の人の時も全員発表に

したい、みんなが笑顔になるといいな。これが、私の期待と心の中です。ノートにほめ言葉を書くとき、とても楽しい気分にもなれるんです。
　これを思いついたのも、実行できたのも、みんなのおかげです。
　6年3組に、感謝します！

　Bさんの成長が、集団を少しずつ成長させていきました。彼女の細かな観察力が、学級の子の「開放の窓」を広げ、互いを認め合う関係をより強くしていきました。

■言葉の「表現力」を育てる

　本間正人氏は、同著の中で「表現力」について、次のように述べています。

　「ほめ上手」を構成する残りの二割は「表現力」です。つまり、ほめ言葉のボキャブラリーが豊富であると、年齢・性別・性格・職業・家庭環境など、様々な人に対して、ほめる視点が広がり、相手にジャストフィットしたほめ言葉を繰り出すことができるようになります。

　子どもたちの表現力を高めるために、私は、「ほめ言葉のシャワー」とともに、「成長ノート」を中心に指導を繰り返してきました。
　まずは、語彙の獲得をめざします。どうしても語彙数が乏しいと、子どもたちは「すごい」という言葉で表現してしまう傾向にありました。例えば、「すごい」と言うことができる事柄に、「さすがだね」や「行動力がある」、「よく考えているね」などの異なる言葉を用いると、ほめられる人らしさが際立ちます。

また、「成長ノート」で書く活動を通して、自己の内面を見つめ、内省を深めることをしていきます。子どもたちは、言葉で自分の感情や考えを表現する語彙が不足しています。そのため、自分の気持ちをうまく伝え

ることができません。感情的になってしまい、汚い言葉でののしり合い、短絡的な行動をとってしまいがちになります。最終的には、友達とのコミュニケーションが成り立ちにくくなっているようです。

1年間を通して、教師が提示するテーマに対して、「成長ノート」に取り組むことで、まとまった文章を書く力がつき、表現力も高まります。その結果、言葉で自分の感情を表現できるようになり、友達とのコミュニケーションが成立し、質の高いものになっていきます。

それに加えて、「価値語」を獲得します。「価値語」とは、「子どもたちの考え方や行為をプラスの方向に導く、価値ある言葉」のことです。「価値語」を多く獲得することによって、自分自身の良さを発揮する姿が見られたり、「価値語」を使って相手に対するほめ言葉を伝えたりする子どもが出てきました。こういった価値ある行為も「成長ノート」を通して、学級全体に広げていきます。

■子ども同士の関係と子どもたちの変容

「ほめ言葉のシャワー」を学級づくりの土台として、これまで取り組んできました。その取り組みを通して感じることは、子ども同士の関係に温かさがあるということです。

「一人も見捨てない」という価値語があります。なかなか自分の良さを発揮できないCくんがいました。2:6:2の法則でいえば、「下の2」に当てはまる子でした。これまでにも「Cくんはできないから」というレッテルを貼られていました。そんな彼を、学級の子どもたちは見捨てることなく、声をかけたり寄り添ったりしました。

市内の小学校が参加する「合同音楽会」の練習の時のことです。Cくんの楽器は、鍵盤ハーモニカでした。これまでだと、鍵盤ハーモニカを持っているだけで、演奏しているふりをしていました。ところが、責任感の強いDさんは、Cくんの横でどこを演奏しているのか、あいている左手で楽譜を指さしながら、教える姿がありました。その熱心な指導があって、Cくんは練習に励むようになりました。結果的には、Dさんのおかげで、Cくんは一人で演奏することができるようになりました。

彼の成長ノートには、Dさんへの感謝の言葉が書き記されていました。それを読んだDさんは、目を赤くしていました。喜びを表出せずとも、嬉しそうにしばらく読み浸っていました。後日、Cくんへの返事を送っていました。その返事は、ほめ言葉がたくさん入った心温まるものでした。

その後、周りの子どもたちのCくんに対する見方が徐々に変容してい

きました。Cくんが一人でいるのを見つけると、「一緒にやろう」と声をかける子が増えていきました。また、学習で困っていると、「どこが難しいの」とそばに来て、「こうやってやるんだよ」と教える子もいました。そのおかげで、徐々にCくんらしさを発揮し始めました。挨拶の声量、学習に対する姿勢など、大きく変化していきました。これまでのレッテルを剥がすことができた姿でした。周りの子どもたちの関わりが、Cくんを大きく変えたのです。

卒業式の日、呼名に対する返事、呼びかけの声に多くの人が驚いたようです。卒業式後、保護者の方が涙を流しながら我が子の成長を喜ばれていたのが印象に残っています。

■おわりに

子どもたちの自己肯定感を高めること、温かい人間関係を築くことをめざす上で、言葉の力の育成は欠かせません。私は、「ほめ言葉のシャワー」を土台として、安心できる自信あふれる学級づくりを心がけてきました。その結果、「ほめ言葉のシャワー」を通して、子どもたちが互

いに認め合い、つながりを強くしていくなど、温かい関係が築き上がるのです。

　今後も子どもたち一人ひとりが活躍できる学級づくり、授業づくりができるよう、私自身も成長し続けたいです。また、個に寄り添い、個の成長のエピソードを語ることができる視点も、もち続けたいです。

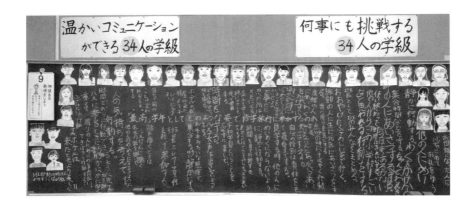

第4章 教室の数だけ「ほめ言葉のシャワー」はある

全部ひっくるめて、あなたが好き～プラスもマイナスも理解し合った子ども～

大分県大分市立西の台小学校　大西一豊

1. 私にとっての「ほめ言葉のシャワー」

「ほめ言葉のシャワー」を経験した子どもたちは、自分の中に確固たる自信と人に対しての感謝の心をもつようになります。

以下、実際に「ほめ言葉のシャワー」を経験した学級の子どもたちの作文です。

- 「ほめ言葉のシャワー」は、誰とでも仲よくさせてくれます。

  仲のいい人でも、ふだん気づかないところがたくさんあり、その部分を知ることでもっと仲が深まります。また、話したことがない人も注目して観察すると、意外な自分との共通点が見つかります。すると、なんだか仲良くなれます。

- 「ほめ言葉のシャワー」をしていると、その人の性格や内面が理解できます。性格や内面は一人ひとり違うので、その人のことを理解して合わせることができるようになりました。「自分、自分、自分」で動くのではなく、「自分＆相手」で動くようになります。そんな心がけが大切です。

- 「ほめ言葉のシャワー」では、みんなが自分のことをほめてくれます。ほめられるときは、少し恥ずかしいと思います。

  しかし、自分の気づいていないところも知れるし、みんなが自分のことを知ってくれる、ということになりますよね。なので、
  「そんなところもあったんだ。ありがとう。」
  と素直に感謝することができるようになりました。

そうすると、自分らしく過ごせる自分に変化していきました。
- 「ほめ言葉のシャワー」は、自信と成長をくれると思いました。それに、友達のいいところもたくさんシャワーで浴びせることができ、またその浴びせた人のいいところも見つけることができます。だから、たくさんの発見ができました。
　　　そんな「ほめ言葉のシャワー」は、素晴らしいものです。
- 「ほめ言葉のシャワー」は、私にあらゆる成長をくれました。この成長によって、人との関わり方や自分らしさがはっきりと分かりました。
- 「ほめ言葉のシャワー」では、「ほめ価値語」がでてきます。
　　　なぜかというと、「〇〇だとしたら…」や「〇〇ということは…」とどんどん考えを掘り下げていくからです。すると、今まで考えたこともないような価値のあるほめ言葉の「ほめ価値語」が見えてきます。
- 「ほめ言葉のシャワー」は、みんなの心と心をつなぐ"心の架け橋"となりました。私の一生が楽しくなりそうです。
- 「ほめ言葉のシャワー」では、「人を大切にする」という成長ができました。人をほめることで、その人のことが「人間的に好き」になれます。
- 「ほめ言葉のシャワー」は、日頃の感謝を示す場でもあります。そこで成長したことはたくさんあって、自分の成長を嬉しく感じます。
　　　この「ほめ言葉のシャワー」でいろいろな人から学んだこと、自分の成長を、これからも忘れずに生きていきます。

　学級の中には「安心」と「自信」に満たされた空気が漂います。そんな子どもたちの表情は、毎日が笑顔であふれていました。
　誰に対しても否定的な見方をするのではなく、肯定的でプラスに捉え

ることができてきます。マイナスな部分が見えたとしても、マイナスな部分を隠したり繕ったりすることもしません。相手の課題が見えたのなら、助け合って支え合っていくのです。さらには、マイナスな部分に価値語「未完成の可能性」と希望をもって生活するようになります。

このような関係から、「人間としてプラスもマイナスも全部ひっくるめて、あなたが好き」と考えるように変化していきました。

2. 土壌を作るために「プラス面に目を向ける」

4月、子どもたちに出会った頃の学級は、冷えていて凝り固まっていました。例えるなら、「氷」のような学級。

「学習なんてめんどくさいもので、テストだけできていればいいんでし

ょ」「クラスの人なんか、どうでもいい」

　といった空気であふれていました。また、「ばか」「死ね」「お前」「うぜえ」「はあ？」「どっか行け」などの否定的で排他的な言葉も多かったです。

　しかし、私が今まで見てきた学校の大半は、このような学級がほとんどでした。どこの学級にもあり得ることなのだと思います。

　そこで、学級の「氷」を溶かしていくために、プラス面に目を向けた取り組みをしていきます。プラス面に目を向けるためには、人を観察することが必要不可欠です。観察することで、お互いを知り合うことにもなります。また、観察されている方も「見てくれている」という安心感が生まれてきます。プラス面に目を向けることは、子ども同士の関係をつなぎ、温かい関係を築いていきます。

　まずは、「教師がほめる」ことを積極的にしていきます。ほめることのよさを教師自らが伝えていくのです。

　私は、毎年「いきなり！全員ほめ言葉プレゼント」をします。内容は、シンプルです。教師が子どもたち全員を次々に間髪入れずほめていくだけです。子どもたちは、ふにゃっとした表情へとみるみる変化していきます。「ほめられることは、気持ちがいいことなんですね」「やる気が出てきました」「ぼくには、こんなよいところがあるとは思いませんでした」という言葉が振り返りの作文には書かれていました。

　子どもたちは、自分のよさをあまり知りません。ある日、子どもたちに「自分のよいところ」と「自分の悪いところ」を書いてもらいました。一人の女の子は、「自分のよいところ」を5個書きましたが、「自分の悪いところ」はなんと30個も書きました。でも、全員の子どもたちが同じような結果でした。

　だからこそ、初めは「教師がほめる」ことを積極的にするのです。

　次に、ほめられる経験をして、ほめることのよさを感じ始めた時期に、「子ども同士でほめ合う」活動へと切り替えていきます。

第4章 教室の数だけ「ほめ言葉のシャワー」はある

「ほめ方が分からない」「ほめることが見つからない」「いつほめればいいのか分からない」とよく聞きますが、そんなことはありません。特に初めは、ぎこちなくて形はよれよれでもいいので、ほめる経験をすることが大切です。

入りやすい活動で「いいね！大作戦！」があります。これは、相手の見えたものをほめていく活動です。

積極的に「教師がほめる」ことをしていれば、子どもたちは徐々にほめることができてきます。

内容は、少しずつよくなっていくものです。焦ることなく、活動を仕組んでいきます。

他にも、席替えの前にペアの人をほめてから席を移動するなどもできます。

ほめることの経験を積んでくると、自然と友達のよさに気づくように

119

なります。

　TくんやSさんが、学級の中に尊敬している人がいて「あの人のようになりたい」と作文に書いていました。学級の中に目指したい姿があることは素敵なことだと思い、次の日から、友達の姿を1日の目標に設定する活動もしました。

　学期の最後などには、「ほめ言葉ルーレット」をしました。

　写真のように、紙を四分の一に折って、ルーレットのように回し、自分のところに来た紙の人にほめ言葉を書く活動です。

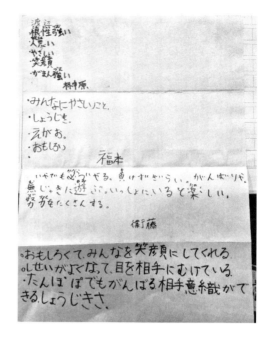

　このように、ほめる時間や空間を教室につくることで、子どもたちは自然とほめ合う関係を築いていきます。

　ほめ言葉には、相手を思いやる温かさがあります。その温かさが子どもたちの心の「氷」を溶かしていくのです。プラス面に目を向けることで、学級の土壌である子どもたちの人間関係も温かくつながっていくのです。

3. 学びの中でのプラスの変容「学びを楽しむ関係へ」

　ほめ言葉が増えて温かく人間関係がつながれていくと、学びの中でもたくさんのプラスの変容が見えてきます。

　一つ目の変化は、「自分だけができればいい」という考えから「みん

第4章 教室の数だけ「ほめ言葉のシャワー」はある

なとみんなができるようにする」という「一人も見捨てない」考えへの変化です。

　写真は、2015年9月10日の国語の新出漢字の学習の時間です。左の男の子Aくんが、国語の学習を初めて一緒にした日の写真です。

　Aくんは、特別支援知的学級の子どもです。国語と算数の2、3年生の内容を特別支愛学級で学習していました。

　周りに比べてできないことがある、自信もない、劣等感からトラブルを起こす、教室が苦痛で抜け出す。前学年まで、
「おれは、●年●組じゃねえし」
と苦しんでいました。自分の居場所がなかったのでしょう。

　この日は、Aくんが最も大きく変化するきっかけになった日です。

　新出漢字は、ドリルを使ってペア学習で進めていました。このときのペアは、Hさん。Hさんは、「私が、Aくんのために動くことで、Aく

んは成長する。Aくんの成長は、私の成長」と考えている思いやりのある子どもでした。

　人間関係が温かくつながれてきたプラスの空気が漂う教室で、
「一緒にやってみる？」
の言葉にAくんは頷きました。教師用の漢字ドリルを使いました。

　この日、学校生活で初めて45分間のフルタイムで漢字の学習をしたそうです。

　この日を「なっとう記念日」と名付け、みんなで成長を祝いました。「なっとう」とは、がんばって試練（混ぜられること）を乗り越えれば、「粘り強く、結束が強く、よく（おいしく）なる」という意味です。

　試練を乗り越え「なっとう」のようにつながって味わった達成感が、この日からの成長を加速させました。

「自分にもできるんだ」という経験から自信を持ったAくんは、自主的に国語と算数の学習を一緒に始めました。

　「一人も見捨てない」という考えは、子どもたちの活動範囲もどんどん拡大していきました。

　腰をかがめている男の子は、Kくんです。Kくんは、前年度までトゲトゲとした雰囲気をまとっており、人との関係を築こうとはしませんでした。意見が違ったときには、頑として考えを譲らず「自分さえよければ」という考えをしていました。

　しかし、Kくんもプラス面に目を向けたほめ合う学級の中で変化していきます。少しずつ他

第4章 教室の数だけ「ほめ言葉のシャワー」はある

人を受け容れることで考えを広げたり、自分のよさに気づいたりしながら、関係を築いていきます。

写真の場面では、算数の苦手なYくんに対して、寄り添って学び合っています。初めてKくんが見せた寄り添う姿でした。

この日から毎時間、Kくんは自分の力を「みんなのために」と使い始め、教室を動き回りました。学年末には、ちょっとしたヒーロー的な存在となっていました。

二つ目の変化は、「教えられるだけの受動的な学び」から「自ら動き出す能動的な学び」への変化です。様々な場面で見られました。

写真の二人は、「授業時間に理解できない部分があったから」ということで授業時間を飛び越えて給食時間にまで話し合いをしています。「明日の学習に困るし、分からない人がいるのにそのままにはできない」と

つぶやいていました。

　受動的に授業時間を過ごしていては、ここまで学ぶことはないと思います。意欲的に学んでいるからこそ、不十分な理解の部分を解決したいと、補い合おうとするのです。給食を食べ終わったあとも、お互いに学び合っていました。

　助け合い、支え合うような関係が作り出す姿です。

　国語の説明文の話し合いの時間です。この二人は、お互いに話し合いの場面で競い合って高め合ってきた二人です。

　お互いに立場をはっきりとさせ、自分の考えをもって話し合いに臨んでいました。時には、相手が○という立場ならば、あえて×の立場になるようなこともしていました。人と意見をぶつけ合って、新たな学びが生まれてくる話し合いを楽しんでいる姿です。

　自分らしさや相手のよさを知って理解したことで、子どもたちは自分の考えに自信をもって活発に動き始めます。そして、お互いに尊敬し合っているからこそ、学びの中でも「竹馬の友」のような自分に成長を与えてくれる関係を築くことができるのです。

4. 生活の中でのプラスの変容「言葉の力を信じる」

　子ども同士の関係をつなぐために必要不可欠なものは、やはり「言葉」です。どのような「言葉」が心にあるのか、どのような「言葉」を使っているのかで人との関係は大きく変化します。

　また、「言葉」については1年間をとおして指導していきました。生活の中でのいちばんの変化と言えば、やはり「言葉」の変化でした。

　プラス面に目を向け合うことで、自然とプラスの「言葉」が出てきます。学級は、人に対しての肯定的な「言葉」で充満していきます。

　そんな学級で生活していると、実際に子どもたちは「言葉の力」を実感していきます。

　目の前で起こる様々なプラスの変化を目の当たりにして、子どもたちは「言葉の力」を信じるようになってきます。

　さらには、「言葉の力」を信じて行動してきた子どもたちは、自然とプラスの行動をとるようになってきます。プラスの「言葉」が身についてくるのです。

　10月に秋季大運動会がありました。運動会が終わって帰る途中、Mくんは、荷物をいっぱい運ぶ保護者の方に気づき、そばに行って、

「お手伝いしましょうか？」

と声を掛けました。右の

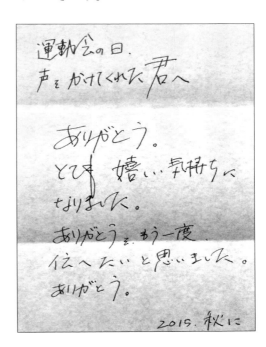

写真は、荷物を運んでいた保護者の方からMくんへの感謝の手紙です。直接お話をしたときには、

「とても嬉しい気持ちになり、心が元気になりました」

と話していました。

この時の思いをMくんに質問しました。Mくんは

「重そうだなあと思ったとき、自然に体が動きました。前の自分だったら絶対しないと思います」

と話していました。プラスの「言葉」が身についた出来事でした。

「言葉」への信じる思いが強くなると、子どもたちは自らたくさんの「言葉」を手に入れようとし始めます。

菊池実践の一つに「価値語」があります。「価値語」とは、「子どもたちの考え方や行動をプラスに導く言葉」です。

写真の男の子は、「価値語」を大切にしてきました。たくさんの「価値語」を成長ノートの表紙に書き込んでいます。書店で『価値語100ハンドブック』を見つけたらお母さんに買ってもらうほどでした。購入した後は、学校に持ってきて嬉しそうに、そして熱心に読み込んでいました。

プラスの「言葉」によって、年度初めとは

第4章 教室の数だけ「ほめ言葉のシャワー」はある

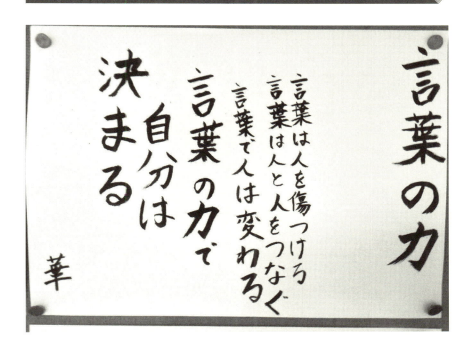

別人のような懸命な姿が見られました。学年末には、積極的に全体の前に出たり、責任のあるバスケットボールチームのキャプテンになったりと「言葉」と行動が結びついた姿に変化してきました。

「言葉の力で　自分は　決まる」

　プラスの「言葉」が充満した学級では、加速的に子どもたちは成長していきます。また「言葉の力」を信じることによって、子どもたちは仲間の成長や自分の成長を実感して、自信と未来への希望をもって生活するようになっていきます。

　こうなると、一人ひとりに対してのマイナス面もお互いに受け入れて伝え合うこともできるし、助け合って支え合う関係もできてきます。それは、マイナス面が見えても、プラスの「言葉の力」で希望をもって生活することができるからです。

　「言葉」が育って「言葉の力」を信じることで、プラスもマイナスも全

部ひっくるめてお互いを理解し合うことにつながるのです。

5. 最後の「ほめ言葉のシャワー」で「折れない柱」を

　３学期の「ほめ言葉のシャワー」の様子です。
「人間としてプラスもマイナスも全部ひっくるめて、あなたが好き」
　の関係から、とても温かい空気でした。「一人のために」みんなで時間を共有している心地よい空間でした。
　３学期の学級の目標として、「柱のある人になる」を掲げていました。
「自分らしさを発揮して、自信をもち、自分のことが好きになる。学級が終わっても、折れることのない柱を自分の中に持とう」という全員の目標です。
　そのためにも、「ほめ言葉のシャワー」は、個のよさを最大限まで高

第4章 教室の数だけ「ほめ言葉のシャワー」はある

めていく大切なものでした。また、「ほめ言葉のシャワー」は、学級が終わりに近づくにつれ、工夫がたくさん詰まったものへと急加速的に進化していきました。

- 自分らしい「カウントダウンカレンダー」
- 相手のことがもっと好きになれる「質問シャワータイム」
- ほめ言葉のシャワーを形にした「ほめ言葉のシャワープレゼント」
- ほめ言葉のシャワープレゼントを飾る「自分＆相手らしい表紙」
- 主役を引き立てるための「マイクマン」
- 「ほめ言葉のシャワー」を永久保存するための「カメラマン」
- 即興的にほめ言葉への返事をする「ほめ返し」
- 座席表を活用して全員へのほめ言葉を書いた「ありがとう37連発」
- さらに高みを目指すための「アドバイス37連発」

　毎日の学校生活の一分一秒が大切で、グーーーンと常に成長へと向かう充実した時間でした。

　濃密な「ほめ言葉のシャワー」は、自分の中に確固たる自信と、ほめ言葉をくれる学級の仲間に対して「ありがとう」という感謝の心を確実にもたせてくれました。お互いの違いを認め合って支え合って喜び合う関係の「全部ひっくるめて、あなたが好き」。理解し合った子どもたちは、これからの人生も折れることのない柱をつくり続けていくでしょう。

第4章 教室の数だけ「ほめ言葉のシャワー」はある

「らしさ」を育む『瑞々しい教室』

愛知県大口町立大口西小学校　大橋俊太

■「リバウンドしない」強さとしなやかさ

はじめに、1つの作文を紹介させてください。

昨年度担任した6年生の男の子が、進学した中学校で5月に出された課題で書いた作文です。長文ですが、あえて全文紹介します。

> 「地球の水の誕生について話せる？」
> ある日の理科の授業時間、いきなり6年担任の大橋先生が聞いてきました。僕は、
> 「はい、できます」
> と答えていました。
> 5年生の自分には、想像もつかないことでした。
> 5年生までの自分は、あまり好きではない自分でした。興味は、バラエティ番組より宇宙関連のニュース。周りと異なる感性のためか、友達との話についていけず、本当の笑顔を見せることが少なかったと思います。そして、面倒なことに関わりたくなかったし、性格もどちらかと言うと暗かったと思います。
> そんな自分が嫌でした。だからといって、決してこのままでいいとは思っていませんでした。日々、「目立ちたい」、「前に出たい」という理想はもっていました。でも、前に出たら冷やかされるし、何も言い返せないと思うし、そもそもそんな場がない、そんな理由を並べて自分の弱さや不甲斐ない思いを隠してきました。そんな自分を認めたくないからです。そして、そのまま自分の殻に閉じこも

っていた、それが5年生までの自分でした。
「殻を破りたい」

　そのまま6年生になり、大橋先生のクラスになりました。6年生になってしばらくした時、ふと気が付きました。前向きな自分がいること、毎日が楽しくて本当の笑顔をもって人と関わることができていること。（なんでだろう？）5年生までと異なり、教室の空気が全然違うことに気が付きました。やわらかい？自分を受け入れてくれるような安心した空気です。

　大橋先生が主に取り組んだことは「価値語」「ほめ言葉のシャワー」でした。「価値語」で、「ありがとう」「すごい」といったよい言葉が自然に広がりました。「ほめ言葉のシャワー」では、こんな自分でもいいところがたくさんあるのだという「自己拡大」ができました。

　そして、クラスが互いを思いやり、互いを認め合える雰囲気に少しずつ成長していくのを感じました。それは、「自分の色」を出しても、「あいつはそういうやつだ」と受け入れてくれるのではないかという思いにつながりました。

　今までは、話が合いそうだけど、あまり話したことのないグループの人たちに話しかけても、本当の自分を受け入れてもらえるかどうか不安でした。しかし、本当の自分を少しずつ出していこうと、勇気をもって話しかけることができました。すると、意外にも話は盛り上がり、新しい仲間とよく話すようになりました。そうするうちに、少し冷やかされても「それで？」と言い返せる強さももてるようになりました。「自分が受け入れられる」、そう思うと、本当の笑顔が自然に出てくるし、人を思いやる余裕もできました。そして、相手も笑顔になることが増え、今まで嫌だった学校も少し楽しく感じるようになってきました。

　6年生になって増えたこと、それは笑顔です。顔というのは、心

に思っていることがそのまま出るところだと思います。今思うと、大橋先生は、みんなの心をよりあたたかくする手伝いをしていたのだと思います。
　そんなある日の理科の授業の時でした。いきなり「地球と水の誕生」について、大橋先生に講義を頼まれました。大橋先生は、僕が自学で宇宙の勉強をしているのを知っています。だから、できると信じて頼んだのだと思いました。念願の「前に出る場」を先生がつくってくれました。僕は自然に、
「はい、できます」
　と答えていました。不安と緊張が、話しているうちに楽しさと夢中に変わりました。僕が熱く語る姿を見て、クラス中が圧倒されている様子は、まさに痛快でした。この経験のおかげで、前に出たものにしか味わえない、見ることのできない世界があるのだということが分かりました。そして、前に出たいけれど出られない怖さや、恥ずかしさは消えました。
　これからの自分に言いたいです。新しい世界に出会えるチャンスは、いつくるか分かりません。その時のために今できることを続け、自分の理想を描き続けてください。今の状態に満足せず、もっとよりよい自分になるために変化し続けてください。
「成長は無限大」です。そうやって、新しい世界をあたたかい心で求め続けてください。楽しく笑顔いっぱいの人生になるように。

　5年生までのマイナス思考だった過去を冷静に振り返り、6年生の間に学級全員で認め合って成長することができた事実を分析しています。プラスに変わった自分の心の強さやしなやかさを、オリジナルの言葉で素直に綴っています。
　彼を1年間担任してきた私は、ここまで大きく成長してくれた事実に感動しています。

第4章 教室の数だけ「ほめ言葉のシャワー」はある

　菊池先生の講演会やセミナーに参加すると、

「菊池学級から卒業した子どもたちは、中学校に進学してリバウンドしないのですか？」

「次の学年で違う先生が担任したときに、子どもたちも担任の先生も困るのではないですか？」

　というような質問を耳にすることが少なくありません。果たして本当にそうなのでしょうか。

「ほめ言葉のシャワー」の取り組みを通して、子どもたちは1年間、学級全員でお互いに「小さな○」を付け合います。学級の仲間に心を動かしよいところを見つけ、自分なりの「価値付けや意味付け」を添えてあたたかい言葉を贈り合います。そうした日々の中で、自分の成長、相手の成長、みんなの成長を喜び合う体験を毎日積み重ねていくと、プラスの「自分らしさ」や「あの子らしさ」を知ることができるのです。

「価値語」指導も年間を通して行っているので、「ほめ言葉のシャワー」で交わされるほめ言葉の中にも、多くの「価値語」が使われていきます。その結果、「自分らしさ」の形成に「価値語」が伴っていくのです。

　新しい世界に仕ても、「リバウンド」することなく成長し続ける子どもが育つためには、「成長の土台」が不可欠です。

・あたたかい言葉を介した他者との関わり
・その中で得られる「価値語」を伴った「自分らしさ」

　この2つを通して子どもたち一人ひとりが「成長の土台」を創り上げ、新しい環境においても「成長は無限大」だと信じて伸び続ける子どもが育つのです。

■「ほめ言葉のシャワー」の「その先」

　そもそも、なぜ「ほめ言葉のシャワー」に取り組むのでしょうか。「ほめ言葉のシャワー」で、子どもたちの関係性を濃く、厚く、豊かにするのはなぜでしょうか。

「『自信』と『安心感』のある学級土台」を子どもたちと共に創るのは、なぜなのでしょうか。

　それは、「『自信』と『安心感』のある学級土台を大切にしながら、『対話・話し合いの授業』をするため」です。どのような授業をするために「ほめ言葉のシャワー」に取り組むのかという視点を、教師がもっていなければならないのです。

「ほめ言葉のシャワー」による「コミュニケーション教育」を土台にした１年間の「対話・話し合いの授業」を通して、臆することなく人と関わり合うことができる「豊かで確かな対話力」が育ちます。

　話し合うために何よりも大切になるのは、子どもたちの関係性が豊かになっていることです。教室の中で、「日常的にほめ合い認め合っている」という土台があるからこそ、安心して自分の意見を伝えられるのです。

「ほめ言葉のシャワー」が軌道に乗ってくると、子どもたちが変わり、授業にも大きな変化をもたらします。

　子どもたちも、自分たちの話し合いに成長

第4章 教室の数だけ「ほめ言葉のシャワー」はある

を感じてきた11月の「やまなし」の話し合いの時、黒板の右端に子どもの字で、「少人数で話し合い強い個に」という目標が書かれていることに気付きました。

「ほめ言葉のシャワー」の取り組みの中で、子どもたちには「観察力」が育っていきます。「観察力」とは、『人（物事）のよいところを見つける力』、「多面的に人（物事）を捉える力」、「人（物事）の細部を捉える力」などです。そうした「観察力」が育ってくると、子どもたちは学級の仲間や学級集団の「今」の様子を的確に把握し、「よりよくなる（する）ために大切なことは何か」を見極めることができるようになるのです。

この時期になっても、話し合いの時に日常の人間関係に引きずられるようにして「群れ」たり、ただその場にいるだけで「参加者」になることができなかったりする数名の子の心にそっと優しく寄り添い、「もうあなたなら乗り越えられるから大丈夫だよ」と励まし、力強く背中を押すメッセージだったのだと思います。

その2日後には、近隣の小中学校の先生方を招いて授業公開を行いました。「やまなし」の授業でした。黒板には、「立場関係なくふれ合い力」と書かれていました。

「ほめ言葉のシャワー」によって、「自分を表現してもよい」という「自信」と「安心感」が生まれ、話し合いやディベートの経験を積み重ねる

と、「人と意見を区別する」ことができるようになります。大切なのは、「人」ではなく、「意見」だという考え方が浸透していきます。なにより、これまでの経験から「人と対話をすることは成長につながる」、「人と対話をすることは楽しい」という考え方が体験を伴って共有されているため、初めて出会った参観者（近隣の先生方）とも、臆することなく対話することができたのだと思います。

　3月に取り組んだ成長ノートのテーマで「なぜ6年3組では話し合いが成立するのか」と問うと、ある1人の女の子が「自己中→他己中→自他中になれるから」と書いていました。

　この女の子は、なかなか「群れ」から抜け出すことができない子でした。正直なところ、「ほめ言葉のシャワー」にも、あまり乗り気ではありませんでした。こういった子どもに出会ったときに、教師が強い口調で「それではだめじゃないか」、「きちんとやりなさい」と叱責することは簡単です。しかし、果たしてそれでこの子は救われるのでしょうか。

　もちろん、そういった叱責が必要な場面もあります。教師が譲れない不易の部分をもち、毅然とした態度で臨むことは非常に大切なことです。

　しかし時には、「自分に自信がない」、「温かい言葉を介した他者との関わりの楽しさや喜びを知らない」子に対しては、マイナス行為をいい意味でスルーしながら、その子の成長を信じて待つことが大切になるのです。「ほめ言葉のシャワー」を続け、軌道に乗ってきたことで集団が変わります。その集団との関わり（子ども同士の横の関係性のつながり）の中で、自分中心の「自己中」から相手を思いやる「他己中」が、他者とともに生きていく上で大切だとこの女の子は気付くことができました。そして、話し合いの経験を積み重ねる中で、「自分も相手もみんなも大切にする自他中」という考え方が、彼女にとっての『成長のキーワード』（価値語）になったのだと思います。「個を変えるには集団を変えなければならない」のです。学級全員から浴びる「ほめ言葉」が、少しずつ少しずつ彼女の心を溶かしていったのだと思います。

第4章 教室の数だけ「ほめ言葉のシャワー」はある

　新しい世界に出ても、「リバウンド」することなく成長し続ける子どもが育つためには、「成長の土台」が不可欠だと先に述べました。

> ①温かい言葉を介した他者との関わりを繰り返す
> ②その中で「価値語」を伴った「自分らしさ」を手に入れる
> ③新しい環境でも「成長は無限大」と信じて伸び続ける人が育つ

　「ほめ言葉のシャワー」の先に、こういった流れを見通して子どもたちの育ちを確かなものにすれば、リバウンドせずに強くしなやかに生きる力につなげられます。
　ちなみに「リバウンド」とは、変化（成長）した分だけ元に戻ってしまうという意味で使われることの多い言葉です。
　こういった場合、元に戻ったのはその子どもや前年度の担任に責任があると考える風潮もあります。
「どうせ、〇〇先生だからできたんでしょ」
「みんな〇〇先生のようにできるとは限らないんだから、素晴らしい実践なのは分かりますが、周りや次に担任する人のことも考えてください」
「〇〇先生の時はそういうのもよかったかもしれないけど、普通は（何をもって普通とするのかは分かりませんが…）そうじゃないんだから、我慢して周りに合わせなさい。きちんとしなさい」
　このように、目の前の子どもの特性とか「らしさ」「よさ」よりも、旧態依然とした指導観をもってして、教師にとって都合のいい生徒児童像を押し付け、（本当はいい意味で）「今までとはちがう」子どもを否定してしまうケースも時々みられます。
　目の前の子どもたちのエネルギーやパワーを、教師の固執した価値観（どんな児童生徒を『よい子』とみなすのか）によって無理に押しつぶしていないかどうか。そういった点も問われるべきではないでしょうか。子どもたちをリバウンドさせているのは、前の担任か、今の担任か。公

の世界で「らしさ」を発揮しながら他者と協力して生き生きと活躍するために必要な教育や教室のあり方はどのようなものなのか。我々教師は、常に謙虚に冷静に分析し、判断していかなければならないと考えます。

■「ほめ言葉のシャワー」で子どもを育てる

あれこれと教師の言葉を重ねるよりも、子どもたちの声から教育の本質を学びたい。私たち菊池道場の教師はいつもそう考えています。

もう1つ、女の子が書いた作文を紹介します。卒業を間近に控えた、3月の「私の本」に綴られていた子どもの言葉です。

> 私が6-3でよかったと思う理由の1つは、なんだと思いますか？
> 正解は、「ほめ言葉のシャワー」です。「ほめ言葉のシャワー」は、みんなへの自信・観察力・美しい心・アイデア・人として大切なこと、数えきれないほどの宝をくれました。
> 4月の私は、自信がなく、今でもそうですが、みんなのことがうらやましくって、「すごすぎ！！」と思っていました。全く自分が価値のない人間に思えて、普段の生活の幸せさや楽しさを忘れてしまっていました。
> それに対して今はどうでしょう！！自分で言うのは恥ずかしいですが、みんなにほめてもらうと、自分がみんなに認めてもらっている気がして、自分なんかのためにみんなが大切な時間を使ってくれたと思うと、すっごくうれしくって…（泣）ほめ返しをした時も、

第4章 教室の数だけ「ほめ言葉のシャワー」はある

あたたかく、優しく見守ってくれるような目で見てくれました。「6-3のみんなはすごく優しいなあ」と感じました。

ほめ言葉を伝えるために、よいところを見つけます。よいところを見つけるためには、その主役の子のことを知ることが必要です。こんなにクラスのみんなと関わりをもったことがなかったので、とても楽しいものでした。細部に目を向けてみたり、新しいことを考えてみたり、ワクワクしながら自分たちを高めることができました。

もちろん、ほめてもらうのはとてもうれしいですが、ほめる側でもみんなに「おぉ～！！」とか「へえ～！！」とか、主役の子の笑顔を見るだけで幸せでした。「聴き手が話し手を育てる」というのは、こういうことを言うんだなと思います。

「ほめ言葉のシャワー」は、一人ひとりの大切さ・「ぬすみ合うこと」も教えてくれました。「ほめ言葉のシャワー」は、誰一人欠けてはいけません。「ほめ言葉のシャワー」の空気感は、一人ひとりの愛情と優しさ、明るさが揃って、初めて素晴らしいものになります。6-3のみんなは優しい子、すごい子ばっかりだから、卒業前の最後のほめ言葉では、きっと何かが起こります！！みんな。期待してるよ♪

私も頑張ろ。

それから、「ぬすみ合う」ことも大切です。人は、全てが完璧ではありません。だからこそ、せめてみんなに尊敬されるような人になるためには、「ぬすむ」ことが必要になってきます。お互いのよいところをまねし合って、まねして努力しているうちに、いつか夢が叶ってくると思います。でも、私は「ぬすむ」だけでは「一流」だと思っています。

6-3のみんななら、これから先「ぬすんで広める」。自分のことだけを考えず、友達の成長を素直に喜べる「超一流」になれると思います。いや、なれます！！

> 　私は、1年間「ほめ言葉のシャワー」をやってきて、とても成長の視野が広がって楽しかったです。でも、あと卒業まで3日あります。たかが3日、されど3日です。先生！！期待していてください。いい意味で裏切ります。卒業式で先生を感動させます！！

『瑞々（みずみず）しい教室』というものがあるとしたら、私はこのような教室のことを指すのではないかと思います。この学級の子どもたちは、1年生の頃から様々な困難を抱え、多くの教師にとって学級経営を行う上で悩みが絶えない学年でした。しかし、卒業を前にしてこのような言葉を綴れるまでに子どもたちは成長したのです。

■おわりに〜子どもたちの声を聴こう〜

『4月の私は、自信がなく、今でもそうですが、みんなのことがうらやましくって、「すごすぎ！！」と思っていました。全く自分が価値のない人間に思えて、普段の生活の幸せさや楽しさを忘れてしまっていました』

　彼女のこの気持ちは、決して特殊なものではありません。
　自尊感情が低いとか、学びに対する主体性や意欲が低いのが問題だ！などと周りの大人が言ったところで、子どもたちはなにひとつ救われはしないのです。嘆いたり文句を言ったりする前に、現場の教室から解決の光を差し込むことができるのではないでしょうか。先の彼女は、次のような言葉でも私たち教師に貴重な示唆を与えてくれます。

『ほめ言葉を伝えるために、よいところを見つけます。よいところを見つけるためには、その主役の子のことを知ることが必要です。こんなにクラスのみんなと関わりをもったことがなかったので、とても楽しいも

第4章 教室の数だけ「ほめ言葉のシャワー」はある

のでした。細部に目を向けてみたり、新しいことを考えてみたり、ワクワクしながら自分たちを高めることができました』

　とてもシンプルなことだったのです。クラスの友達のことを知ることは楽しいことなのです。自分のことを知ってもらうことはもっと楽しいことなのです。だから彼女は、『ワクワクしながら』自分を高めることができたのでしょう。教室の『瑞々しさ』の源流が、ここにあります。
『人は、全てが完璧ではありません』と彼女が綴っているように、完璧な人なんていません。人は一人ひとり違います。だからこそ、目の前の子どもの特性や「らしさ」「よさ」が生きるよう、「ほめ言葉のシャワー」で、「自信」と「安心感」のある学級土台を創ることが大切なのです。
「みんなが自分を見ていてくれる」、「自分もみんなを見ている」、そして価値ある「自分らしさ」を添えて、お互いの解釈の違いを楽しみながらプラスの影響を与え合う、『プラスのスパイラル』が生まれるのです。
　人は、人でしか育てることはできません。人との関わり合いの中で、人は育っていくのです。

「ほめ言葉のシャワー」によって、そこから生まれる人と人とのつながりを大切にしていきたいと考えます。人と人とのつながりは、数え切れないほどの「ドラマ」を創り出します。そうした『瑞々しい教室』で紡がれる「ほめ言葉」には、個と集団を変える力が秘められています。
　これからも、
「『ほめ言葉のシャワー』をやってきて、成長の視野が広がって楽しかった」
　と語れる経験を、毎日の教室の中で子どもたちと共に積み重ねていきたいと思います。

教室の数だけ「ほめ言葉のシャワー」はある

第4章

学校全体で取り組む「ほめ言葉のシャワー」

栃木県栃木市立栃木第四小学校　中島宏和

①ほめ言葉のシャワーで子どもを育てる

「菊池実践」を目指した学年経営

　この写真は、2015年3月の卒業式当日の子どもたちの様子です。いつもより遅く登校した子どもたちは、体育館に入場するまでの間、進学先の中学校の制服に身を包み、制服を汚さないようにおとなしくしているのかな、それとも、言いようのない緊張感を紛らわすために、おしゃべりでもしているのかなと思っていました。

2015年3月18日卒業式の6年生

　しかし教室に向かおうとすると、子どもたちは階段で、1年間行っていた、朝のボランティア清掃（朝ボラ）を、当たり前のようにやっていたのです。なぜ、このような子どもたちなのでしょうか（このような子どもたちになったのでしょうか）。それは、「ほめ言葉のシャワー」をはじめとする菊池実践に、学年で取り組んできたからではないか、と考えています。

　2012年、菊池先生の出演されている「プロフェッショナル　仕事の流儀」に出会い、その後各地で開かれていたセミナーにも参加して、菊池先生ご自身にも出会うことができました。菊池先生の実践の中には、「そうなのだ！」「これだ！」と思うものが数多くありました。

　そこで、学年として、「互いを認め合い、高め合える学年・学級」を

目指し、いかに子どもたちを「大人扱い」し、その上で「自由（自分に由る）」という名の責任をもたせ、民主的な手法で学年・学級の取り決めごとを決めていくようにするか、ということについて6年の担任同士で話し合い、「菊池実践」の中でできることから取り入れていくことにしました。

今回は、勤務校において個人→学年→学校全体と広がっていった取り組みを振り返っていきたいと思います。

「今日のシャワー」

まず、それぞれ朝の会で「質問タイム」、帰りの会で「ほめ言葉のシャワー」（勤務校では「今日のシャワー」と読んでいました）を始めました。菊池先生の著書やセミナーで学んだことを参考に、「ほめ方」についても、それぞれのクラスのやり方で、少しずつ「進化」「深化」させていくようにしました。

広がる「ほめ言葉のシャワー」

実践をとおして、子どもたちの変容を少しずつ感じ取る中で、2014年9月に菊池先生に栃木県にお越しいただき、セミナーを開くことができました。学校主催のセミナーではないにもかかわらず、スタッフとして勤務校の全職員が協力してくれました。校長先生をはじめ、すべての職員に、会場準備や受付などを手伝っていただき、栃木県初のセミナーは、大盛況でした。

そして、このセミナーを機に、多くのクラスで「ほめ言葉のシャワー」を行われるようになっていきました。

学校課題の一環として

現在栃木県では、それぞれの学級を「学びに向かう集団」に高めながら、児童生徒一人ひとりが自らの力で様々な不適応を解消し社会性を身

に付けたり、意欲的に学習活動に取り組んで学力を向上させたりして自己実現（社会的自立）を図っていく、という「学業指導の充実」を推進しています。「菊池実践」は「学業指導の充実」を図るのにも役立つ実践である、という思いをもちました。

　一方、勤務校では、「自分の思いや考えを互いに伝え合える子どもの育成」－豊かな思考力・表現力を育む学習指導の在り方－という学校課題のもと、理科・生活科を中心に「伝え合う力」の育成に努めてきました。「伝え合う力」を「互いの立場や考えを尊重しながら、言語をとおして適切に表現したり、理解したりする力」と定義し、音声言語と文字言語の両面から、思考力と表現力の両方を育成しようとしてきたのです。

　しかし、研究を進める中で、子どもたち同士の人間関係、そして一人ひとりの「自己有用感」が、まだまだ満足できるものになっていないことがうかがえました。そこで、子どもたち同士が心から「認め合える」人間関係づくりを行う必要性を強く感じました。

　平成28年度に、学校課題研究主題に迫るための手立てとして、「ほめ言葉のシャワー」が位置付けられました。これにより、本校の学校課題に迫るために「菊池実践」を全職員で取り組むことができるようになりました。

どんな子どもを育てたいのか

　子どもたちが理科・生活科の授業をとおして「自然」という本物にこだわりながら「思考」し、自らの考えを「語り合う」ことから「理解する」喜びを分かち合う学びを行いたい、その学びをとおして、子どもたち同士の人間関係をより良くしていきたい、というのが、学校課題を通じて考えたいことです。しかし、それらの教科指導の根幹をなすのは、子ども同士、あるいは子どもと教師の人間関係だと思います。

　その上で、キーワードになるのが「観」だと考えます。本間正人先生は、「ほめ言葉のシャワー」で育つ観察力について、「美点凝視」「多面

植物の観察も「細部にこだわる」

「見る」から「観る」への転換

的な観察力」「細かい観察力」の3つを挙げています。この観察力は、理科授業においても必要な「観察力」に他ならないと考えます。また、我々教師が「子ども」や「授業」を観る上でも重要なのは、我々自身の「観察力」である、ということを菊池先生から学んだ気がします。

②いろいろな「ほめ言葉」で個の確立した集団を育てる

「ほめ言葉のシャワー」のバリエーション

　これまで2年以上「ほめ言葉のシャワー」に取り組んできました。その中で、その日の主人公をどのようにほめるのか、ほめ言葉のバリエーションがいろいろ広がりました。主に担任してきた5・6年の学級では、

・主人公のがんばりを漢字一文字で表す
・「たとえ」を使ってほめる（まるで〜みたいです）
・「○○力」で表す
・熟語を使って表す（二〜四文字）
・主人公の名前でアクロスティック

菊池省三先生への「ほめ言葉」（「○○力」で）

146

・主人公の名前を繰り返す四字熟語
・「○○賞」を授与する
・自作の価値語で表す
　などです。

　菊池先生が勤務校に来てくださり、6年生に向けて授業を行ったときに、このとき担任していた5年生はその授業を参観しました。その後、菊池先生に対する「ほめ言葉」も「○○力」で表しました。

　ちなみに現在担任している6年生は、主人公のその日の行動を見て、学級憲法の第何条にふさわしい人かを考えて伝えています。

いつでもどこでも

「今日のシャワー」と呼んでいますので、できるだけ「今日」にこだわります。

　5年生は、2泊3日で宿泊学習に行きました。そこで、宿泊地に向かうバスの中で「質問タイム」は行い、宿泊地での夜、就寝前に「今日のシャワー」を行いました。主人公にとっては、忘れられないシャワーになったようです。

宿泊学習の夜も「シャワー」をかけよう

子ども同士で学び合う

　3年生から、「もっと『ほめ言葉のシャワー』を上達させたい」という相談を受けました。そこで、5年生が全員で3年生の教室を訪ね、「ほめ言葉のシャワー」の見学を行いました。シャワーが終わった後、5年

3年生の「シャワー」を見学する5年生

147

5年生の「価値語ほめほめ選手権」に3年生が来た

生全員が即興で3年生のシャワーのよかったところ、工夫した方がよいところを伝えました。3年生からは逆に「どうすれば短い時間で次々に言えるのか」という質問が出ました。すると、5年生による「ほめ言葉のシャワー」の実演が始まりました。すべてアドリブでした。

次の週、今度は逆に3年生が5年生の教室を訪ねてきました。その日、5年生は学級で生まれた価値語の良さをプレゼンし合うという、「価値語ほめほめ選手権」を開いていました。その後、見学を終えた3年生から、「ほめ言葉」のたくさん書いてあるお礼の手紙が届き、5年生は照れくさそうな、でも自信にあふれた笑顔になっていました。

児童会活動で

平成27年度の「6年生を送る会」では、児童会の提案で、1～6年生の縦割り班である「なかよし班」の在校生全員で順番に、6年生に向けての「ほめ言葉」を贈ろう、ということになりました。

それぞれの班が輪になり、5年生から順番に今までお世話になったことや思い出などを交え、「ほめ言葉」をかけていきました。中には、在校生からのシャワーを浴びながら、目に涙を浮かべる6年生もいました。

在校生から6年生への「ほめ言葉のシャワー」

6年生を「○○力」で表す発表

また、学年ごとに、6年生に向けての出し物を行ったのですが、6年生を「○○力」で表す発表をする学年もあり、たくさんの「価値語」や「ほめ言葉」があふれる会になりました。

清掃班で

現在は、清掃の時間にも「ほめ言葉のシャワー」を取り入れています。

清掃が終わり、班ごとに整列をした時に、班員同士で清掃での頑張りを見つけ、認め合う時間を設けました。班長さんから「頑張っていたって言われてどうだった？」と聞かれ、「うれしい…」と答える1年生。班長さんの優しい声かけもあり、ちょっと照れくさいけれど、みんなが笑顔になれる時間です。

清掃後の反省でも「ほめ言葉」を

○○先生が見に来てるぞ！

先生だって…

先生方も、ビデオカメラやタブレットを持参して、それぞれの学級の「ほめ言葉のシャワー」の様子を見に行くようにしています。お客さんがいるという「非日常」の中で、どれだけ「日常」を出せるか…。子どもたちにとっても、いい学びの場です。

③「ほめ言葉のシャワー」による子どもの変容

子どもの言葉から

「ほめ言葉のシャワー」で身に付く力はどのような力でしょうか。1年

間、「ほめ言葉のシャワー」に取り組んできた5年生に、「シャワーのもつ意味とは？」というテーマで、黒板に自由に書かせました。
- 仲良くなる
- 一人一人が成長する
- 自分に自信がもてる

などの他にも、
- 出す声力が高まる
- コミュニケーション力が高まる
- 正対を意識するようになる
- 傾聴力が高まる
- 自分の心に火がつく
- 不可視の部分が育つようになる

といった、「価値語」が多く登場しました。

さらに、
- 自分と相手の良さを認め合える
- 観察力が高まる
- 観も術も育つ
- 学校がレベルアップする
- SAの道のその先に行ける

「ほめ言葉のシャワー」のもつ意味とは？

3つの「しん」…「安心」「自信」「善進」SA

というように、我々が学校課題等で目指していることが子どもの言葉からもで出てきており、語彙力も含めて、子どもたちに様々な力が身に付き、それを子どもたち自身が自覚できるのだ、ということが分かります。

「自信」という言葉からは、自己有用感、自己肯定感の高まりを感じることができます。学級の雰囲気も、何事にも前向きになり、どんなことに取り組むときにも「やらされている」から「自分たちで行っている」という意識になったように感じます。また、担任自身も、子どもたちの

日常の行動の中から、どんどんよさを見つけようと、「子どもたちを見取る目＝子ども観」を鍛えることにつながったと思います。

「ほめ言葉のシャワー」を行っていると、ほかの子が伝えた「ほめ言葉」をすべてメモする子が現れました。

ほめ言葉ダム

そしてやがて、何人もの子がメモをするようになり、主人公の名前を中心において「イメージマップ」の形で表す子も出てきました。「ほめ言葉ダム」という、新たな価値語がまた一つ、クラスの中で生まれました。

保護者も変わる

　心が動くのは子どもだけではありませんでした。

　授業参観で「ほめ言葉のシャワー」を保護者に見ていただく機会も各学級で増えてきました。

　ある日の授業参観で、主人公の名前を繰り返す四字熟語で表す、という「ほめ言葉のシャワー」を行ったとき、主人公の保護者からは、こんな感想が寄せられました。

「今日の（ほめ言葉の）シャワーで、お互いにほめ合い、認め合う姿が、日常に溶け込んでいたのがよかったです。父と母で一生懸命考えた名前のことまでほめてもらえて、考えた甲斐があったなあと思いました」

主人公の名前を大切にしながら、さらに同じ読みで別の漢字を当てて読む、というやり方は、クラスのある児童が学級全員に対して始めたことですが、名前を大切にすることが、その人自身を大切にするということにつながっているのだと思います。

151

他にも、
「家でもほめ言葉をかけてほしいです」
「職場でもやってみたいと思います」
といった感想が寄せられ、「ほめ言葉のシャワー」が学校という枠を飛び出して、家庭や子どもたちの家族の職場にまで広がっていく可能性を示唆しているようです。

④そしてこれから

現在担任している６年生のクラスでは、「安心」「自信」「善進」「観深」の４つの「しん」を大切にするクラスを目指そうと「顔晴（がんば）って」います。この「善進」とは「SAの道を目指す」、「観深」とは「相手の観を深く読む」という意味の子どもたちが考えた造語です。

主人公の名前を繰り返す

６つの会社の一つ「Y（やれば）D（できる）K（こ）」

卒業するときの自分をイメージする

廊下には、４月の初めに書いた「卒業する時の自分」をイメージした漢字一文字が掲示してあります。「今日のシャワー」の時間はもちろん、「質問タイム」や係活動、そして話し合い活動などを通して、菊池先生の学級に一歩でも近づきたいと思います。そしてそれらを、学校全体に広げていきたい。子どもたち自身、そう考えているようです。

目指せ三「かん」王！「㊙感じさせ　㊙観伝えるため　㊙関わろう！」

第5章 菊池学級の「ほめ言葉のシャワー」の実際

菊池省三

DVD連動

第5章 菊池学級の「ほめ言葉のシャワー」の実際

動画の解説

菊池道場　道場長　菊池省三

◆はじめに

　本書に付属するDVDの第2部には、菊池学級で実際に行われた「ほめ言葉のシャワー」の様子を収録しました。

　私が、福岡県北九州市立小倉中央小学校で、平成25年度に5年生、平成26年度に6年生を担任したときの様子です。全部で12本の動画を用意しました。

　各動画の中で中心的に登場する子どもたちは、すべて5・6年生の2年間担任した子どもたちです。

　毎日、帰りの会で行った友達への「ほめ言葉のシャワー」だけではなく、ALTへの「ほめ言葉のシャワー」や、教室の様々な場面で即興的に行った「ほめ言葉のシャワー」の応用編も収めてあります。自分へのほめ言葉や、ディベート的な要素を盛り込んだほめ言葉、さらには、「もの」をほめる「ほめほめ選手権」など、多岐に渡った内容です。

　子どもたちのコミュニケーション力豊かな様子とともに、自信と安心の教室で、それぞれが自分らしさを発揮している姿を見ていただけたらと思います。一人ひとりが、様々な生活環境や過去を背負いながらも、健やかに成長していった姿は私自身の誇りでもあります。そして、ここにアクティブ・ラーニングの目指す姿があるとも確信しています。

第5章 菊池学級の「ほめ言葉のシャワー」の実際

動画1 解説
坂口さんへの「ほめ言葉のシャワー」

　坂口さんは、学級の笑顔の象徴のような子でした。「スマイリー村上」と私があだ名を付けた村上さんと、明るい笑顔を競い合っていました。

　もともとおっとりした性格の彼女は、小学校入学当初は、周りの友達と波長を合わせられず、学校に来れなくなってしまい、3年生のときに一度転校しました。しかし、そこでも上手くいかなくて、5年生の初めに小倉中央小学校に再入学し、私が担任することになりました。

　坂口さんは、もともと体を動かすことが大好きで、チアリーディングを習いに行っていました。私は、子どもたちの自由度を相当程度保障する係活動を活発に進めてきましたが、彼女はダンス係をつくり、ほかのダンスチームと「ダンスバトル」という係同士の「対決」もしました。

　そうした自分の特技を生かしつつ、クラスの皆が楽しむことのできる活動の中で、彼女は自分の存在を友達に認められ、自分らしさを発揮することができるまでに成長していきました。

　この「ほめ言葉のシャワー」は、6年生の2学期の終わりに実施したものです。坂口さんが自信と安心を感じている様子が、その表情からうかがえると思います。

　途中映る教室のポスターには次のように書かれています。
「常に言葉を進化させよう！
　辞書と友達になろう！
　価値語をつかう!!
　四字熟語をつかう!!」

　最後のお礼の言葉では、坂口さんも四字熟語を使っています。言葉で心が育ち、人が育っていることの証です。

第5章 菊池学級の「ほめ言葉のシャワー」の実際

動画2 解説
下堂薗君への「ほめ言葉のシャワー」

　私は1年の締めくくりとして、私の与えるテーマについて子どもたちが成長ノートに考えをまとめ、それを確認させることをねらいとした「試練の10番勝負」を行ってきました。

　平成25年度の5年生の終わりに、「試練の10番勝負」の第4戦として「下堂薗君の成長から学ぶべきことは何か？」を行いました。

　下堂薗君は、テレビ番組でも紹介されましたので、ご存知の方も多いのではないかと思います。4年生まではよく問題を起こしていたお子さんです。彼は、5年生の1年間の中で大きく成長しました。

　「気になるお子さん」は、どの学級にもいるものです。その子だけを変えようとしても上手くいきません。個が変わるためには、集団が変わらなくてはいけません。集団が変わることによって、個も変わるのです。私は、このことを、子どもたちに考えさせたいと思い、「試練の10番勝負」の第4戦にこのテーマを掲げました。

　この時間の中で、子どもたちは、個の成長と集団の成長との関係を真剣に考えました。私がこの時間の最後に、黒板に書いた「下堂薗君の成長から学ぶべきことは何か？」の「下堂薗君」の部分を消し、「ここに入るほかの言葉は何か？」と問いました。すると、多くの子どもたちが「みんな」と答え、「個の成長と集団の成長との関係」を実感しました。

　この「ほめ言葉のシャワー」は、その授業の最後に突然行ったものです。下堂薗君に対し、「いい意味で空気を読まなくなりましたね」と言った女の子がいます。自分の弱さゆえに周りに流されていた過去と決別できた下堂薗君に対する、最高のほめ言葉だと思います。

動画3　解説
元山さんへの「ほめ言葉のシャワー」

　平成26年度に担任した6年生の学級で人権週間応募作品の作文を書かせました。その中で、私が担任する前の4年生までは、ともすればトラブルを起こしていた元山さんの作文を学級代表として選びました。

　彼女は、5年生の中頃から落ち着き始め、学級のリーダーの一人に成長しました。彼女は、その作文の中でつぎのように書いています。

　＊＊＊＊＊＊＊＊＊＊＊＊＊＊＊＊＊＊＊＊＊＊＊＊＊＊＊

　4年生までの自分は、人のマイナスを見て、そして自分の心を荒れさせていました。トラブルばかりを起こしていました。（中略）

　5年生になりました。一学期の中ぐらいから「ほめ言葉のシャワー」が始まりました。「ほめ言葉のシャワー」とは、毎日一人の友だちをみんなでほめ合っていくという活動です。（中略）

　今、私は変わりました。「どうせ私なんか」と思い込んでいた私が、みんなとも楽しく仲よく過ごせるように変わったのです。（中略）

　一人一人が安心して「よかった」と思える教室になってきたからだと思います。

　＊＊＊＊＊＊＊＊＊＊＊＊＊＊＊＊＊＊＊＊＊＊＊＊＊＊＊

　この「ほめ言葉のシャワー」の中で、動画2に登場した下堂薗君のほめ言葉を受けて、元山さんは、「下堂薗君も、お母さんが風邪を引いたとき、料理を作ってあげたりするほど優しい人なんですよね」と私自身も知らなかったことをクラス全体に伝えています。

　「正対してください」と皆に呼びかける彼女の行動も含め、学級の文化を皆でつくっていきたいという強い気持ちが伝わってきます。マイナスのリーダーシップを見事にプラスのリーダシップに転換しました。

菊池学級の「ほめ言葉のシャワー」の実際

動画4 解説
常君への「ほめ言葉のシャワー」

　常（チャン）君は、中学年の頃、ご両親の仕事の都合で中国から日本にやってきました。小倉中央小学校は、帰国子女や外国人児童の受け入れのセンター校としての役割も担っていた学校でしたので、中国や韓国、フィリピン、メキシコなどの外国にルーツをもつお子さんも多く、6年生のときには、そうした子がクラスに5人在籍していました。

　皆、努力家で、来日したばかりの頃は日本語もおぼつかない状態ですが、日本語教室に通いながら、日本語の力をめきめきと上達させていきました。

　初めて出会う日本の文化や考え方の違いに戸惑いながらも、真面目で努力を惜しまず、ユニークな発想でクラスを多様性に満ちた空間にしてくれました。常君は、その後クラスのムードメーカーに成長し、「日本の総理大臣になる」という将来の目標を掲げていました。

　この「ほめ言葉のシャワー」の中で、岡田君という男の子が、常君へのほめ言葉で「みんながここを通るときに、下堂薗君の置いている笛を落としてしまっているんですけど、朝いいなと思ったのが、常君がここを通るときに、この笛を支えながら行っていたので、日常の通り道の細部までしっかり見ているなと思いました」と言っています。本当に細かな日常の友達の様子を、研ぎ澄まされた観察力で見ていると思います。「細部までしっかり見ている」常君も立派ですし、そんなほめ言葉を言える岡田君も「細部までしっかり見ているね」とほめてあげたいと思います。

　私は「ほめ言葉のシャワー」を実施するにあたって、「観察力を鍛えよう。価値語を増やそう。端的に言おう」と、常日頃からレベルアップするようにはたらきかけていました。

第5章 菊池学級の「ほめ言葉のシャワー」の実際

動画5　解説
秋山君への「ほめ言葉のシャワー」

　この日は、私の6年生の教室に4年生の子どもたちが「ほめ言葉のシャワー」の参観に来ました。「ほめ言葉のシャワー」を全校に広げていきたいと考えていた私の思いが、一つ形になったものです。
　「ほめ言葉のシャワー」を年度当初から取り組んでいると、いろいろな形で「自分らしさ」を発揮したユニークなほめ言葉が自然に出てくるようになります。私はそうしたことも、一つひとつ大切にして、成長の芽をつぶさないように心掛けていました。
　後輩が学級に来ていることもきっかけになって、この日の「ほめ言葉のシャワー」は、爆発的に楽しいものになりました。モノマネや歌がつぎつぎと登場して、終始笑い声に満ち、記憶に残る名作の一つです。
　参観した4年生に対するほめ言葉の中で、「立派な4年生を担任されている先生」へのほめ言葉が出たときには、私も感心させられました。
　卒業間近に行われたこの「ほめ言葉のシャワー」の参観ですが、主人公の秋山君が最後に「(自分たちが卒業していなくなってしまう)小倉中央小学校をよろしくお願いします」と言った言葉にも胸が熱くなりました。
　秋山君は、一生懸命努力をしても、なかなか漢字を正確に書くことができず苦しんでいました。苦しみながらも、「自分はこんなに努力をしているのに結果が出ない」と、恥ずかしがるのではなく自己開示できるまでに成長しました。
　この「ほめ言葉のシャワー」の最後に秋山君から「菊池先生にもほめ言葉を言ってほしい」と突然振られました。温かい教室の空気の中で、卒業間近の時間を最後まで大切にしようとしていたのだと思います。

第5章 菊池学級の「ほめ言葉のシャワー」の実際

動画6　解説
秋葉君への「ほめ言葉のシャワー」

　秋葉君は、これまでにも登場している下堂薗君と仲の良い友人です。この日の「ほめ言葉のシャワー」の中では、たびたび「本当の優しさ」という言葉が使われています。

　前回の秋葉君への「質問タイム」の中で、「秋葉君は下堂薗君と仲が良いけれど、それは、下堂薗君を成長させよう、ともに成長しようという姿勢が感じられないので、それは『いつわりの優しさ』ではないか」ということが話題になりました。

　前回と今回までの期間で、秋葉君はその指摘を真摯に受け止め、反省し、変わってきていることをクラスの皆が認めていました。そして、この日、秋葉君に対し「本当の優しさ」を身につけたことをほめているのです。

　この「ほめ言葉のシャワー」の中から、私は二つのことを考えました。

　一つは、「ほめ言葉のシャワー」を継続して実施することの大切さです。継続することで、過去と現在を比較しながら、自分や友達の成長を考えることができるようになります。

　二つ目は、「Iメッセージ」と「YOUメッセージ」のことです。「YOUメッセージ」は、「あなたは〜だ」と相手評価をするものだから、言われた方が嫌な思いをするので、私を主体とした「Iメッセージ」で伝えた方がよい、と一般的に言われます。私は、教室の中の関係については、このことは単純には当てはまらないのではないかと日頃から思っていました。言葉の使い方が未熟だという問題はあると思いますが、共に成長しようという相手への深い思いやりに基づいた「YOUメッセージ」は、十分相手に届き、成長を促すものだと思うのです。

第5章 菊池学級の「ほめ言葉のシャワー」の実際

動画7　解説
ALTへの「ほめ言葉のシャワー」

　外国語活動のALT（Assistant Language Teacher）として、6月から2月までの間、週に1回、子どもたちに指導をしてくれた、グルジア（現在は、ジョージアと呼称）出身のデイビッド先生を主人公にした「ほめ言葉のシャワー」の様子です。

　この日はデイビッド先生の最後の授業ということで、私が突然提案して、「ほめ言葉のシャワー」をしました。

　私は、コミュニケーションの力の中で、即興、インプロ、アドリブといった力は、とても大切だと思っています。あらかじめ原稿が用意されていて、それを読めば済むという機会は、この後の子どもたちの人生の中にそんなに多くあるものではありません。その場その場で起こる様々なことに対応できる即興力こそが、コミュニケーションの重要な力の一つであり、その力を育てることが教師の仕事だと思っています。

　そのために、日頃から観察力を磨き、言葉の数を増やしておくことが、何よりも大切なのです。

161

第5章 菊池学級の「ほめ言葉のシャワー」の実際

動画8 解説
漢字テストを返したときの「ほめ言葉のシャワー」

　漢字の小テストを実施・採点したあと、4人の子どもたちに分担してもらい、全員にテストを返しました。返し終わったところで、私は、「4人の友達のテストを返している瞬間のよかったところをほめましょう」と言って、突然「ほめ言葉のシャワー」を始めました。動画7の「ALTへの『ほめ言葉のシャワー』」以上に、日常の一コマ一コマをいかにきちんと観察しているかが分かります。ある意味「ほめ言葉のシャワー」の実力が問われる方法だと思います。

　後半部分では、私が「直しましょう」と一言指示をして、間違った漢字のおさらいをしています。自分のテストを隠すことなく、安心して学び合っている様子です。子どもたちの関係性が強くなった教室の様子をご覧いただきたいと思います。

動画9 解説
お別れ集会でがんばった自分へのほめ言葉ペアトーク

　これは平成25年度の5年生の最後の頃の映像です。

　5年生が中心になって行う、6年生とのお別れ集会が終わり、そのことを振り返って、自分へのほめ言葉を成長ノートに書かせました。自己有用感をもたせる取り組みの一つです。「書いた成長ノートを持って、友達と自由にトークをしましょう」と呼びかけたあとの映像です。

　5年生になって1年間、菊池学級でお互いに成長したことを喜び合っています。成長ノートを手にしていますが、多くの子は、書いたものはほとんど見ないで、感想を述べ合っています。ペアになる人を特に選ぶこともしていません。満面の笑みでトークを楽しんでいます。

第5章 菊池学級の「ほめ言葉のシャワー」の実際

動画10 解説
自分へのほめ言葉

　これも平成25年度の5年生の最後の映像です。
　「動画で見る　菊池学級の子どもたち」(中村堂／2014年)というDVD付きの書籍の中でも、子どもたちのリアルな姿を動画で紹介しています。
　その中の「scene09」に、「言葉で育った子どもたちの事実」として、教員向けのセミナーに参加した子どもたちの様子を収録しました。そこでは、参加した子どもたちの希望により、参加者が子どもたちに質問をする「質問タイム」を急きょ行いました。
　「自分らしさを、見つけられましたか？それを教えてください」
　という質問に対し、石井さんという女の子が、
　「5年生になってからは、失敗しても『よし、やるぞ！』っていう気持ちや言葉を言えるようになりました。みんなが困っていても『よしやろう』と(みんなに)言って、みんなも『じゃ、やろうか』という感じになって、自分が(みんなを)勇気づけられるから、自分が大好きです！」
　と堂々と答えました。
　私は、お互いが無関心な状態からスタートして、友達を通して自分を知り、友達同士が認め合える関係ができあがり、最終的には「自分のことが大好きです」と言えるところまで子どもたちに成長してほしいと願っています。1年間を通して友達同士で小さな丸を付け合う「ほめ言葉のシャワー」に取り組み、人間としての望ましい在り方を、お互いのほめ言葉によってつくり合った1年間だったのです。
　途中、曽根﨑さんという女の子が「…そんな自分が大好きで、そう言える自分も大好きです」と自分をほめています。教室から自然と「おーっ」という感嘆の声が上がりました。

菊池学級の「ほめ言葉のシャワー」の実際

第5章

動画11 解説
四字熟語甲子園

　私は愛媛県で生まれましたが、松山市では毎年8月に「全国高校俳句選手権大会（通称：俳句甲子園）」というイベントが開催されています。それに触発されて行ったのが、この「四字熟語甲子園」です。

　四字熟語をつくって、その内容の優劣を競い合うのですが、それだけでは面白くないので、ディベート的な要素を盛り込んだ形式に仕立てました。ただし、反論するのではなく、ほめ合うというところがポイントです。

　4人でチームをつくり、四字熟語を創作します。

　AチームとBチームに分かれて、1分間ずつ自分たちの創った四字熟語の内容をプレゼンします。

　その後、お互いの四字熟語の良さをほめ合うのです。

　勝ち負けを決めますが、必要以上に勝ちにこだわったり、負けるからいやだという発想にはなったりせずに、こうしたゲーム自体を楽しめる子どもに育ってほしいと思っています。

動画12 解説
ほめほめ選手権

　最後の菊池学級の係活動は、とてもユニークなものでした。「自己否定係」とか、「菊池学級を究極にする会」など、名前を聞いただけでは活動内容がイメージできないものもありました。
　「ほめほめ選手権」は、「もっと自分たちを高めよう」という趣旨でスタートした「自己否定係」が主催したものです。
　物に対してプラスの言葉を使い、1分間ほめるというルールで行った「ほめほめ選手権」です。
　動画には、スマホやカメラを持った子どもたちが映っていますが、卒業式が目前に迫ったこの時期、お互いがお互いの学びの様子を記録に残しておきたいという要望が出されたため、教室の中だけで使うという約束で私が許可しました。
　私は、「ほめほめ選手権」を始める前に3つのことを話しました。
①学び合うという視点から「知的」であってほしい。
②子どもらしく「無邪気」であってほしい。
③知的で子どもらしい人が集まった教室は「ほんわか」とするだろう。
　子どもたちは、私の話をよく理解して、知的で楽しい「ほめほめ選手権」をつくり上げてくれました。
　動画に記録された子どもたちの様子を今、改めて見るにつけ、ここにアクティブ・ラーナーの姿があると強く確信しました。アクティブ・ラーニングを導入しようといっても、コミュニケーションの土台、子ども同士の関係性がなかったら、決して成立するものではありません。豊かな人間関係と、確かな言葉の力を身につけた子どもたちは、学び続ける人間としてのアクティブ・ラーナーであり続けることと思います。

おわりに

　「ほめ言葉のシャワー」は、毎日行います。毎日行う必要があるのは、トレーニングだからです。スポーツと同じで、コミュニケーション力もトレーニングすることで、確実に身につきます。そこで培われる力については、本間正人先生（京都造形芸術大学副学長）が本書や「コミュニケーション力で未来を拓く　これからの教育観を語る」（中村堂／2015年）の中で、詳細に解き明かしてくださいました。

　スポーツで、基礎・基本が不可欠であるように、「ほめ言葉のシャワー」は、コミュニケーションの基礎・基本の力を養うものです。同時に、「ほめ言葉のシャワー」を成立させるためには、そのための基礎・基本が必要なのも事実です。それは、子どもたち一人ひとりの言葉の力や、子ども同士の豊かな関係性です。

　全国でお会いする先生方から、
「『ほめ言葉のシャワー』を始めましたが、みんな同じほめ言葉ばかりで、発展しません」
「どうしても、やらされ感が出てしまいます」
「時間がかかってしまい、自分のクラスだけ、集団下校時刻に遅れてしまいます」
　など、「ほめ言葉のシャワー」に関する質問をいただきます。

　こうした質問に答える意味で「小学校発！一人ひとりが輝く　ほめ言葉のシャワー②」（日本標準）を出版し、さらに進めやすくするためのワークシートを開発して「小学校発！一人ひとりが輝く　ほめ言葉のシャワー③」を発行いたしました。

　出版活動を進めながら、「ほめ言葉のシャワー」をする目的と育てたい人間像を考えることの大切さを改めて実感しました。その答えを菊池学級の実際の様子で見せようと考えた結果が、本書に付属するDVDの第2部「菊池学級の『ほめ言葉のシャワー』の実際」です。

　私は、「『ほめ言葉のシャワー』を上手くやりたい」と考えたことはあ

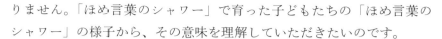

りません。「ほめ言葉のシャワー」で育った子どもたちの「ほめ言葉のシャワー」の様子から、その意味を理解していただきたいのです。

　本書の刊行にあたりましては、先述のとおり、本間正人先生には、ご多忙な中、「学習学」のお立場から「個の確立」についてさらに深く分析をしていただきました。

　また、愛知県犬山市立楽田小学校の先生方、中でも6年3組の萩原舞先生と児童の皆さまには大変お世話になりました。2日間にわたる「ほめ言葉のシャワー」の導入の授業を楽しくさせていただきました。また、その様子を映像に収め、DVDにまとめていただいた有限会社オフィスハルの筒井勝彦氏と石崎俊一氏に感謝申し上げます。ありがとうございました。

　さらに、菊池道場の精鋭10名の先生方には、ご自身の実践をていねいにまとめていただきました。ここに収められた事実の一つひとつが「ほめ言葉のシャワー」のもつ力を証明するものです。

　中村堂社長中村宏隆氏には、今回も企画から構成までお世話になりました。同時にこの本を、中村堂創業満3年の記念出版として位置づけていただきました。

　多くの皆様方に感謝申し上げます。

　全国の津々浦々で「ほめ言葉のシャワー」が実践され、日本中の子どもたちが輝くとともに、頑張っていらっしゃる多くの先生方が笑顔になられることを願いつつ、私は全力で今後も挑み続けることを決意いたします。

2016年7月12日　菊池道場　道場長　菊池省三

■著作権上の注意
- 本DVD-VIDEOの映像は、学校、児童本人および保護者の承諾を得て、収録しています。
- 本DVD-VIDEOの映像は、個人が家庭内で使用することを目的に販売が許諾されており、すべての権利は著作権者に留保されています。これを複製すること、公衆送信(有線・無線の放送を含む)、インターネット上への動画・静止画像の公開、公開上映をすることはできません。

● 著者紹介

菊池省三（きくち・しょうぞう）
1959年生まれ。「菊池道場」道場長。元福岡県北九州市公立小学校教諭。山口大学教育学部卒業。文部科学省の「『熟議』に基づく教育政策形成の在り方に関する懇談会」委員。平成28年度　高知県いの町教育特使。大分県中津市教育スーパーアドバイザー。三重県松阪市学級経営マイスター。著書は、「1時間の授業で子どもを育てる　コミュニケーション術100」「1年間を見通した白熱する教室のつくり方」「価値語100ハンドブック」「人間を育てる　菊池道場流　作文の指導」「「話し合い力」を育てる　コミュニケーションゲーム62」（以上、中村堂）など多数。

本間正人（ほんま・まさと）
1959年生まれ。京都芸術大学副学長。NPO学習学協会代表理事、NPOハロードリーム実行委員会理事。松下政経塾研究部門責任者などを経て、NHK教育テレビ「実践ビジネス英会話」の講師など歴任。「教育学」を超える「学習学」を提唱し、コーチングやファシリテーション、キャリア教育、グローバル人材育成など、幅広いテーマで活動を展開している。著書は、「価値語100ハンドブック」（中村堂）「相手をその気にさせる『ほめ方』やる気にさせる『しかり方』」（ロングセラーズ）「知識ゼロからのほめ方＆叱り方」（幻冬舎）「できる人の要約力」（中経出版）など多数。

《菊池道場》第4章執筆
　萩原舞（菊池道場愛知支部）　　　酒井萩乃（菊池道場神奈川支部）
　川尻年輝（菊池道場長野支部）　　堀井悠平（菊池道場徳島支部）
　赤木真美（菊池道場広島支部）　　重谷由美（菊池道場広島支部）
　南山拓也（菊池道場兵庫支部）　　大西一豊（菊池道場大分支部）
　大橋俊太（菊池道場愛知支部）　　中島宏和（菊池道場栃木支部）

● DVD撮影・制作
　　有限会社オフィスハル　（筒井勝彦　石崎俊一）
● DVD第1部撮影協力
　　愛知県犬山市立楽田小学校
● DVD第2部映像提供
　　菊池省三

※2020年8月1日現在

個の確立した集団を育てる
ほめ言葉のシャワー　決定版

2016年8月10日　第1刷発行
2020年9月25日　第2刷発行

　　著　／菊池省三　本間正人　菊池道場
　　発行者／中村宏隆
　　発行所／株式会社　中村堂
　　　　〒104-0043　東京都中央区湊3-11-7
　　　　湊92ビル4F
　　　　Tel.03-5244-9939　Fax.03-5244-9938
　　　　ホームページアドレス　http://www.nakadoh.com

編集協力・デザイン／有限会社タダ工房
表紙デザイン／佐藤友美
印刷・製本／モリモト印刷株式会社

Ⓒ Syozo Kikuchi, Masato Homma, Kikuchi Dojyo 2016

◆定価はカバーに記載してあります。
◆乱丁・落丁の場合はお取り替えいたします。
ISBN978-4-907571-30-6